中国社会科学院—上海市人民政府上海研究院智库丛书

上海研究院
『经济社会发展战略研究』课题组 著

迈向 2035

现代化的中国与上海发展

Towards 2035:

Modern China and the Development of Shanghai

中国社会科学出版社

图书在版编目（CIP）数据

迈向 2035：现代化的中国与上海发展／上海研究院"经济社会发展战略研究"课题组著 . —北京：中国社会科学出版社，2022.10
（中国社会科学院—上海市人民政府上海研究院智库丛书）
ISBN 978 - 7 - 5227 - 0264 - 3

Ⅰ.①迈… Ⅱ.①上… Ⅲ.①区域经济发展—研究—上海
Ⅳ.①F127.51

中国版本图书馆 CIP 数据核字（2022）第 092131 号

出 版 人	赵剑英	
责任编辑	刘凯琳	侯聪睿
责任校对	闫 萃	
责任印制	王 超	

出 版	中国社会科学出版社
社 址	北京鼓楼西大街甲 158 号
邮 编	100720
网 址	http://www.csspw.cn
发 行 部	010 - 84083685
门 市 部	010 - 84029450
经 销	新华书店及其他书店

印 刷	北京明恒达印务有限公司
装 订	廊坊市广阳区广增装订厂
版 次	2022 年 10 月第 1 版
印 次	2022 年 10 月第 1 次印刷

开 本	710×1000 1/16
印 张	14.5
字 数	168 千字
定 价	79.00 元

凡购买中国社会科学出版社图书，如有质量问题请与本社营销中心联系调换
电话：010 - 84083683

前　言

　　《迈向2035:现代化的中国与上海发展》是中国社会科学院—上海市人民政府上海研究院(以下简称上海研究院)"经济社会发展战略研究"课题组首部研究成果。本书从国家中长期经济社会发展战略研究的角度出发,就迈向2035基本实现现代化的重大理论和现实问题,进行了专题研究。本书也是上海研究院迈向2035系列重要智库研究报告的首部作品,对于发挥上海研究院的思想库引领作用,具有积极意义。

　　习近平总书记在党的十九大报告中擘画了我国实现第二个百年奋斗目标的蓝图。从二〇二〇年到本世纪中叶分两个阶段来安排,第一个阶段,从二〇二〇年到二〇三五年,在全面建成小康社会的基础上,再奋斗十五年,基本实现社会主义现代化。第二个阶段,从二〇三五年到本世纪中叶,在基本实现现代化的基础上,再奋斗十五年,把我国建成富强民主文明和谐美丽的社会主义现代化强国。党的十九届五中全会通过的《中共中央关于制定国民经济和社会发展第十四个五年规划和二〇三五年远景目标的建议》进一步细化了"十四五"时期,直至2035年远景发展时期的发展目标和蓝图。这就需要我们统筹中华民族伟大复兴战略全局和世界百年未有之大变局,深刻认识我国社会主要矛盾变化带来的新特征新要求,深刻认识错综复杂的国际环境带来的新矛盾新挑战。作为高端智库和思想库,上海研究院需要有增强服务国家中长期战略发展的使命感和责任感,为国家发展提供坚实的智库成果。

在全面建设社会主义现代化的新发展阶段,中央出台了《中共中央国务院关于支持浦东新区高水平改革开放打造社会主义现代化建设引领区的意见》(以下简称《意见》),《意见》提出"支持浦东新区高水平改革开放、打造社会主义现代化建设引领区",《意见》在战略定位上,明确将浦东打造为"全面建设社会主义现代化国家窗口"。可见,在实现第二个百年奋斗目标,到2035年基本实现现代化的战略目标中,上海和浦东,发挥着重要的引领作用,这也是党中央交给上海和浦东在新征程上重大的发展任务和使命。上海市第十二次党代会报告,也明确提出上海"要着眼全局、敢为先锋、勇于探路,先行探索社会主义现代化的路径和规律,率先应对前进道路上的风险和挑战,生动演绎中国式现代化的内涵和特征,努力贡献更多的上海智慧和上海方案","更好地向世界展示中国式现代化的光明前景"。以上是上海研究院成立这一课题组和选择《迈向2035:现代化的中国与上海发展》作为研究选题的特殊意义和时代价值所在。

上海研究院作为与上海市人民政府合作建立的中国社会科学院直属单位,以思想引领未来作为建设理念,工作任务是借助中国社会科学院优质的智力资源和国际学术交流资源总结上海经验、讲好上海故事、服务国家战略、扩大国际影响,实现路径是"四个高端",即高端研究平台(智库)、高端国际交流平台、高端人才培养平台、高端国情调研平台。上海研究院通过"四个高端"的运行体现出三个方面的愿景:第一,国家级哲学社会科学研究机构落地上海,为地方经济社会发展提供智力支持;第二,跳出上海看上海,通过哲学社会科学"国家队"总结上海、宣传上海;第三,精准助力上海地方高校高水平建设。中国社会科学院为了建设好上海研究院,完成好工作任务,做出了周密部署,其中派年轻的研究人员到上海研究院挂职是一个重要举措。自 2015 年 6 月上海研究院成立以来,中国社会科学院共向上海研究院派出了近 20 位挂职人员,这些挂职人员认真工作,既增长了对国情的了解,也提高了自己的科研能力和管理能力。

以习近平同志为核心的党中央高度重视哲学社会科学的发展,对哲学社会科学工作者也提出了新的期望和要求,我们要如何适应这一形势的变化呢?我想这需要我们在哲学社会科学研究的各个方面进行思考,特别是体制机制方面的思考。具体到上海研究院管理方面的工作之一就是如何使用好中国社会科学院的挂职人员,让他们在积累基层工作和研究经验的同时,使自身的学术水平也得到一定程度的提高。2021 年年底,上海研究院成立了"经济社会发展战略研究"课题组,尝试在创新中,鼓励青年哲学社会科学研究工作者,扎根祖国大地做学问、写文章,更好服务"国之大者"与上海发展之要。《迈向 2035:现代化的中国与上海发展》在完成过程中,坚持基础理论研究与应用对策研究相结合,坚持跨学科交叉研究相结合,聚焦面向 2035 的重大理论前沿和现实问题,从百年变局、中国式现代化实践与发展中,加深对我国发展环境面临深刻复杂变化的认识。中国社会科学院财经战略研究院倪鹏飞研究员、数量经济与技术经济研究所蔡跃洲研究员,中国社会科学院在上海研究院的挂职科研人员马峰博士、马晔风博士、龚顺博士、孙小雨博士,以及来自财经战略研究院的徐海东博士，携手合作，分别从中国式现代化与国家治理现代化、数字经济、全球化与包容性、马克思主义政治经济学、城市竞争力等方面就迈向2035，现代化的中国与上海发展的前沿问题，进行了专业的研究。他们胸怀"国之大者"，在研究中很好地展示了自己的知识底蕴和学术水平。

"立时代潮头、通古今变化、发思想先声"，践行习近平总书记"5·17"讲话精神是哲学社会科学工作者的使命担当。组织撰写这一重要的智库研究报告，也是一次有益的尝试，可以让青年科研工作人员，在深入基层了解情况的同时，结合实际，用自己的学术知识把自己在调研中的感受写出来，真正落实习近平总书记提出的"把论文写在祖国的大地上"。同时，也希望这一智库研究报告，能够成为一个起点：第一，形成一批以"迈向2035"为主题的上海研究院智库丛书；第二，让每年到上海研究院挂职的中国社会科学院研究人员围绕上海的经济社会发展深入调研，有所收获。在融入国家发展大局中，找准学术定位，以中国为观照、以时代为观照，立足中国实际，解决中国问题，自觉以回答中国之问、世界之问、人民之问、时代之问为学术己任，为建构中国自主的知识体系做出应有的贡献。

在此，对参与完成这一重要智库研究报告的全体科研及相关工作人员表示感谢。

赵克斌

中国社会科学院科研局副局长、上海研究院常务副院长

二零二二年七月

目　　录

导言　中国式现代化创造人类文明新形态

中国式现代化贵在走自己的路

探索一条全新的人类现代化之路是异常艰辛的。很多发展中国家在走向现代化的过程中，或是掉入了西方现代化老路的陷阱，或是成了西方经济殖民的附庸，从而丧失了国家独立的发展道路，陷入了现代化的怪圈。对此，早在 20 世纪 70 年代，即有来自发展中国家的学者一针见血地指出这一实质过程。在 1976 年于维也纳发展研究所举行的"发展中的选择"讨论会上，智利知识界的领袖萨拉扎·班迪博士在回顾发展中国家追求现代化的坎坷道路时，曾深刻地指出，"一个国家可以从国外引进作为现代化最显著标志的科学技术，移植先进国家卓有成效的工业管理方法、政府机构形式、教育制度以至全部课程内容……。进行这种移植现代化尝试的国家，本来怀着极大的希望和信心，以把外来的先进技术播种在自己的国土上，丰硕的成果就足以使它跻身于先进的发达国家行列之中。结果，它们往往收获的是失败和沮丧。原先拟想的完美蓝图不是被歪曲成奇形怪状的讽刺画，就是为本国的资源和财力掘下了坟墓"。①

中国式现代化独立探索的精神，让中国人民取得新的发展成就，也为广大发展中国家探索现代化新路径，提供了全新的选择，中国式现代化突出体现为走自己的路。改革开放以来，我们党团结带领全国各族人民不懈奋斗，坚持走自己的路，推动我国经济实力、科技实力、国防实力、综合国力进入世界前列，推动我国国际地位实现前所未有的提升。中国的发展源自对自身历史和国情的深刻了解，源自对西方现代化道路的深刻总结，源自对其他发展中国家现代化历程的深刻分析，源自对人类追求现代化道路的深刻洞察。中国成功探索发展道路的实践带来巨大示范效应。走符合本国国情的发展道路，是中国特色社会主义成功实践的重要启示。

中国式现代化道路植根中国大地、深得人民拥护，具有强大生命力和巨大优越性，是持续推动拥有十四亿人口的中国实现大国进步和发展，确保拥有五千多年文明史的中华民族实现中华民族伟大复兴中国梦的最美中国道路。

以中国式现代化推进中华民族伟大复兴

党的十九届六中全会通过的《中共中央关于党的百年奋斗重大成就和历史经验的决议》"明确坚持和发展中国特色社会主义，总任务

① 英格尔斯：《人的现代化——心理·思想·态度·行为》，四川人民出版社 1985 年版，第 4 页。

是实现社会主义现代化和中华民族伟大复兴，在全面建成小康社会的基础上，分两步走在本世纪中叶建成富强民主文明和谐美丽的社会主义现代化强国，以中国式现代化推进中华民族伟大复兴"①，并进一步阐明"党领导人民成功走出中国式现代化道路，创造了人类文明新形态，拓展了发展中国家走向现代化的途径，给世界上那些既希望加快发展又希望保持自身独立性的国家和民族提供了全新选择。"② 中国式现代化道路这一重大概念的提出，表明党领导人民经过艰辛探索，走出了人类现代化的新路径，创造了人类文明新形态。新征程以中国式现代化推进中华民族伟大复兴，这不但是走向复兴与繁荣的中华民族的重要战略选择，也是中国人民经过历史实践检验的必然选择。

中国式现代化是一种文明的创造，是一种人类文明新形态的展示。对于其内涵，习近平总书记进行了科学的阐述："我们建设的现代化必须是具有中国特色、符合中国实际的，我在党的十九届五中全会上特别强调了 5 点，就是我国现代化是人口规模巨大的现代化，是全体人民共同富裕的现代化，是物质文明和精神文明相协调的现代化，是人与自然和谐共生的现代化，是走和平发展道路的现代化。"③

习近平总书记在党的十九届六中全会第二次全体会议上进一步指出："我们党领导人民不仅创造了世所罕见的经济快速发展和社会长

期稳定两大奇迹，而且成功走出了中国式现代化道路，创造了人类文明新形态。这些前无古人的创举，破解了人类社会发展的诸多难题，摒弃了西方以资本为中心的现代化、两极分化的现代化、物质主义膨胀的现代化、对外扩张掠夺的现代化老路，拓展了发展中国家走向现代化的途径，为人类对更好社会制度的探索提供了中国方案。"①

中国式现代化道路坚持走自己的路，彰显自信自强之美。走自己的路，是党的全部理论和实践立足点，更是党百年奋斗得出的历史结论。中国式现代化道路不是我国历史文化母版的简单延续，不是马克思主义经典作家设想模板的简单套用，不是再版其他国家社会主义现代化的实践，也不是翻版是国外现代化发展。中国式现代化道路摒弃了西方以资本为中心的现代化、两极分化的现代化、物质主义膨胀的现代化、对外扩张掠夺的现代化。中国的现代化建设是具有中国特色、符合中国实际的。我国现代化是人口规模巨大的现代化，是全体人民共同富裕的现代化，是物质文明和精神文明相协调的现代化，是人与自然和谐共生的现代化，是走和平发展道路的现代化。中国式现代化推动物质文明、政治文明、精神文明、社会文明、生态文明协调发展，破解了人类社会发展的诸多难题，拓展了发展中国家走向现代化的途径，为人类对更好社会制度的探索提供了中国方案。

中国式现代化道路坚持以人民为中心，彰显人民至上之美。习近平总书记指出，"只有坚持以人民为中心的发展思想，坚持发展为了人民、发展依靠人民、发展成果由人民共享，才会有正确的发展观、

---

① 《以史为鉴、开创未来 埋头苦干、勇毅前行》，《求是》2022 年第 1 期。

现代化观"①。苏联是世界上第一个社会主义国家，取得过辉煌成就，但后来失败了、解体了，其中一个重要原因是苏联共产党脱离了人民，成为一个只维护自身利益的特权官僚集团。即使是实现了现代化的国家，如果执政党背离人民，也会损害现代化成果。中国共产党根基在人民、血脉在人民、力量在人民。中国共产党始终代表最广大人民根本利益，与人民休戚与共、生死相依，没有任何自己特殊的利益，从来不代表任何利益集团、任何权势团体、任何特权阶层的利益。中国式现代化道路是人民的道路，始终坚持以人民为中心，坚持人民至上，不断维护好、发展好人民的根本利益。中国人民在走向中华民族伟大复兴的现代化道路上展现出积极向上的精神和力量。有这样的人民作为强大后盾，我们就可以做成任何事情。

中国式现代化道路是中国人民经过艰辛的实践探索做出的历史选择。中国式现代化道路的创造孕育于中国特色社会主义制度的坚持与发展之中，是党和人民历经千辛万苦、付出巨大代价取得的根本成就。

中国式现代化源自中国属于世界

中国的发展不但惠及中国人民，而且惠及世界人民。中国式现代化道路的成功实践，为广大发展中国家探索符合本国国情的发展道路，提供了范例。厄立特里亚总统伊萨亚斯指出："中国不仅在自身

①　习近平：《把握新发展阶段，贯彻新发展理念，构建新发展格局》，《求是》2021 年第 9 期。

国家建设和经济发展中取得辉煌成就,也致力于反对霸权主义、构建公正平等的全球秩序,为人类进步事业作出巨大贡献。""中国的成功为人类带来希望,也给广大发展中国家带来启示。"① 来京参加北京冬奥会开幕式的乌兹别克斯坦总统米尔济约耶夫认为:"中国已经成为致力于建设先进、民主、现代化国家的典范。"② 当今世界正在经历百年未有之大变局。这场变局不限于一时一事、一国一域,而是深刻而宏阔的时代之变。时代之变和世纪疫情相互叠加,世界进入新的动荡变革期。在这一时代背景下,中国坚持胸怀天下,勠力构建人类命运共同体,克服自身困难,全力支持联合国提出 2022 年年中 70% 人口接种疫苗的目标,已经兑现 2021 年对外提供 20 亿剂疫苗的承诺,③为人类"一起向未来",创造人类更加美好的明天,贡献中国力量。联合国秘书长古特雷斯认为:"中国努力向世界提供 20 亿剂疫苗,为世界应对疫情作出巨大贡献。"④ 实践证明,党推动构建人类命运共同体,为解决人类重大问题,建设持久和平、普遍安全、共同繁荣、开放包容、清洁美丽的世界贡献了中国智慧、中国方案、中国力量,成为推动人类发展进步的重要力量。

很多海外学者对此有着深刻的认识。泰国正大管理学院副校长、

① 《厄立特里亚总统伊萨亚斯会见王毅》,中华人民共和国外交部网,https://www.mfa.gov.cn/web/wjbz_ 673089/xghd_ 673097/202201/t20220105_ 10479198.shtml,2022 年 1 月 5 日。

② 《习近平会见乌兹别克斯坦总统米尔济约耶夫》,新华网,http://www.news.cn/politics/leaders/2022-02-05/c_ 1128334005.htm,2022 年 2 月 5 日。

③ 《习近平会见联合国秘书长古特雷斯》,新华网,http://www.news.cn/politics/leaders/2022-02-05/c_ 1128334255.htm,2022 年 2 月 5 日。

④ 《习近平会见联合国秘书长古特雷斯》,新华网,http://www.news.cn/politics/leaders/2022-02-05/c_ 1128334255.htm,2022 年 2 月 5 日。

泰国暹罗智库主席洪风认为：中国式现代化进程与西方国家经历的现代化相比，有自己的鲜明特点。首先，作为拥有五千年历史的文明古国，中国在文化和思想上具备足够的深度和广度，能够兼容并蓄，避免西方国家走过的弯路。其次，中国特色的政治理念是中国经济腾飞的制度保障和指路明灯。一方面，中国具备极强的国家动员力与社会凝聚力，集中力量办大事是中国现代化进程的显著特点，得以在不同的发展时期准确把握并顺利解决该发展阶段内的主要矛盾。另一方面，中国在国际关系上不拉"小圈子"，不搞意识形态对立，对外广交天下朋友，对内不断深化开放，成为名副其实的世界经济的强劲发动机。

波黑主席团塞族成员多迪克认为：中国走出了一条不同于西方的道路，证明西方版的资本主义和纯粹的私有经济并非金科玉律。不管西方是否喜欢中国式道路，都必须正式事实。

巴西瓦加斯基金会法学教授、知名中国问题专家埃万德罗·卡瓦略认为：中国式现代化道路是对西方现代化道路的"超越"。比如对于贸易全球化的看法，西方企图通过全球化来推行它们的世界观，无视世界人民在价值观、习惯等方面的差异，这样的做法是重复此前的殖民思维，以牺牲其他国家利益为代价。而中国奉行求同存异的理念，这在中国领导人提出的构建人类命运共同体倡议中有很好的体现。①

中国式现代化道路的实践，创造了人类社会走向现代化的新路径。

---

① 《中国式现代化超越西方模式——海外专家谈中国式现代化道路》，《参考消息》2022年3月10日。

中国的成功，为那些曾经与中国命运相似，而至今依然苦苦寻求走向现代化的广大发展中国家提供了不同于西方现代化老路的新路，破解了人类社会发展的诸多难题，为人类发展创造更美好未来提供可能。

今天，世界的物质财富不断积累，科技进步日新月异，人类文明发展达到很高水平。同时，地区冲突频繁发生，恐怖主义、难民潮等全球性挑战此起彼伏，世界面临的不稳定性不确定性增加。中国探索自身发展道路的成功实践，彰显了新的时代价值，体现了新的发展境界。习近平总书记在中共中央政治局第三十九次集体学习时指出，"中华文明自古就以开放包容闻名于世，在同其他文明的交流互鉴中不断焕发新的生命力。要坚持弘扬平等、互鉴、对话、包容的文明观，以宽广胸怀理解不同文明对价值内涵的认识，尊重不同国家人民对自身发展道路的探索，以文明交流超越文明隔阂，以文明互鉴超越文明冲突，以文明共存超越文明优越，弘扬中华文明蕴含的全人类共同价值，推动构建人类命运共同体"①。中华文明在中国式现代化创造人类文明新形态的进程中不断焕发新的生机与活力，并被赋予了新的现代化文明内涵。中国的国际影响力、感召力、塑造力进一步提高是最好的证明。在百年未有之大变局的时代背景下，中华民族在走向民族复兴与繁荣的历史进程中，在实现自身更好发展，为中国人民美好生活而努力奋斗的进程中，也将为世界和平与发展做出了新的重大贡献。

---

① 《习近平在中共中央政治局第三十九次集体学习时强调 把中国文明历史研究引向深入 推动增强历史自觉坚定文化自信》，《人民日报》2022 年 5 月 29 日第 1 版。

第 一 篇

百年大变局深刻演化

第一章　世界正经历百年未有
之大变局

党的十九大以来，习近平总书记多次指出，当今世界正经历百年未有之大变局。2020年8月24日，习近平总书记在经济社会领域专家座谈会上提到，"当前，新冠肺炎疫情全球大流行使这个大变局加速变化，保护主义、单边主义上升，世界经济低迷，全球产业链供应链因非经济因素而面临冲击，国际经济、科技、文化、安全、政治等格局都在发生深刻调整，世界进入动荡变革期。今后一个时期，我们将面对更多逆风逆水的外部环境，必须做好应对一系列新的风险挑战的准备"①。习近平总书记的这一论断洞悉了世界格局的演变趋势，包括新冠肺炎疫情和乌克兰危机在内的一系列外生冲击只能加剧或者延缓这一趋势，而无法从根本上扭转或者颠覆这一趋势。

从政治经济学角度而言，世界变局的根本在于世界经济中心的转移，以及由此引发的国内和国际政治经济的各种结构性变化。从历史

---

① 习近平：《在经济社会领域专家座谈会上的讲话》，http://www.xinhuanet.com/politics/leaders/2020-08/24/c_1126407772.htm。

来看，世界经济的中心从地中海转移至大西洋，再从大西洋转移至太平洋；从荷兰转移至英国，再从英国转移至美国。随着发达资本主义国家在 2008 年国际金融危机后陷入长期停滞趋势，国际力量格局将逐渐呈现新的趋势性变化。

一　发达资本主义经济长期停滞趋势

2008 年国际金融危机以来，以美国为代表的发达资本主义国家并没有实现真正的经济复苏，而是陷入了长期的经济停滞。这一停滞趋势最直接的表现是经济增长率放缓。以美国为例，基于美国经济分析局（BEA）的数据，第二次世界大战以来，美国 1948—1973 年 GDP 增长率为 4.03%，1973—1979 年为 2.97%，1979—2007 年为 3.02%，2007—2019 年为 2.86%，2019—2021 年为 1.03%。① 金融危机后美国的经济增长并没有恢复到危机前的水平，经济复苏是非常脆弱的，而且新冠肺炎疫情使经济再次陷入困境。这一停滞阶段的第二个表现是劳动生产率增长放缓，根据 Gordon 的计算，美国 1891—1972 年劳动生产率为 2.33%，1972—1996 年为 1.38%，1996—2004 年为 2.46%，2004—2012 年为 1.33%。② 按照 Gordon 的方法③将数据拓展，可得 2012—2019 年为 0.65%，2019—2020 年因为经济总劳动时间降低而提

---

① 美国经济分析局，https：//apps. bea. gov/iTable/iTable. cfm？reqid＝19&step＝2#reqid＝19&step＝2&isuri＝1&1921＝survey。
② Gordon, Robert J. , "Is US economic growth over? Faltering innovation confronts the six headwinds?", No. w18315, National Bureau of Economic Research, 2012.
③ 劳动生产率定义为实际 GDP 与总劳动时间（小时数）的比率，年均增长率计算为对数增长率。

升至 1.72%。

经济为何会陷入停滞呢？一种观点认为人口增长缓慢或人口老龄化是导致经济停滞的重要原因，代表学者如阿尔文·汉森[①]、保罗·克鲁格曼[②]、劳伦斯·萨默斯[③]和罗伯特·戈登[④]等。根据这一观点，人口增长缓慢可以从两个方面引致经济停滞。一方面，人口增长缓慢意味着消费者的消费需求增长缓慢，这会抑制总需求，进而导致经济的生产过剩，从需求侧影响经济增长；另一方面，人口增长缓慢意味着劳动力增长放缓，劳动力作为实现产出增长的重要投入要素，会从供给侧影响经济增长。

用人口增长缓慢来解释经济停滞的观点是有道理的，不过人口结构某种程度上内生决定于经济增长结构和增长趋势。在市场经济中，人口的增长情况很大程度上受到经济因素的制约。人们是否能够获得良好的教育、体面的工作和丰厚的收入，在市场上获取食物、住房、教育和医疗等生活所需的难易度，工作是否忙碌压抑、生活是否快乐幸福，这些因素都会影响人们是否愿意组成家庭、家庭是否愿意生育以及生育几个孩子，而所有这些因素都与经济发展的速度、质量和方式密切相关。

接下来，本章试图从人口以外的因素来解释经济停滞。在具体展

---

① Hansen, Alvin H. "Growth or stagnation in the American economy", *The Review of Economics and Statistics*, 1954, pp. 409–414.

② Krugman, Paul, "Four observations on secular stagnation", *Secular stagnation: Facts, causes and cures*, 2014, pp. 61–68.

③ Summers, Lawrence H., "US economic prospects: Secular stagnation, hysteresis, and the zero lower bound", *Business economics* 49.2, 2014, pp. 65–73.

④ Gordon, Robert J., "*The demise of US economic growth: restatement, rebuttal, and reflections*", No. w19895, National Bureau of Economic Research, 2014.

开以前，我们先介绍一下长波概念。长波，英文 long-wave，就是长期波动的意思。经济学中有一个长波理论，认为经济的发展呈现出长期波动的特征，大约每 50 年是一个长波，包括一个上行阶段（25 年）和下行阶段（25 年）。长波理论的最早研究者是荷兰学者范·盖尔德伦，他于 1912 年在荷兰一份社会主义杂志上发表了一篇题为《春潮》的文章，通过大量统计材料发现 1850—1873 年间和 1896—1911 年间，英美德法等发达资本主义国家分别出现了两次经济长期扩张期。[①]之后俄国经济学家康德拉季耶夫在 1926 年发表的一篇文章中也证明了经济中存在长波。[②]

对长波的其中一种解释是每一次技术革命对应了一次长波，在技术革命前期，随着新的产业部门和新产品的出现，创新极大地推动了经济的增长，使得经济出现了长波上行阶段，但随着创新活力的枯竭，经济会陷入停滞，进入长波下行阶段。根据这一解释，我们可以整理出以下五次长波。由表 1.1 可以发现，2008 年以来的经济正好处于第五次长波的下行阶段，也就是说 2008 年以来的经济停滞是第五次技术革命对经济增长推动力不足的结果。

表 1.1　　　　　　　　　　　　五次长波

	升波	降波	技术革命
第一次长波	1790—1825 年	1825—1848 年	以水力为动力的工业机械化
第二次长波	1848—1873 年	1873—1893 年	以蒸汽为动力的工业和运输机械化

① 范·盖尔德伦：《春潮——对产业发展和价格运动的思考》，张梓彬、朱德志译，《政治经济学报》2019 年第 16 卷。

② 参见孟捷《新熊比特派与马克思主义长波理论述评》，《教学与研究》2001 年第 4 期。

续表

	升波	降波	技术革命
第三次长波	1893—1913 年	1913—1945 年	工业、运输和家庭的电气化
第四次长波	1945—1973 年	1973—1992 年	交通、民用经济和战争的机动化
第五次长波	1992—2008 年	2008—2030 年（？）	计算机、人工智能和平台经济的数字化

资料来源：笔者整理。

相比于前几次技术革命而言，第五次 ICT 技术革命在推动经济增长的动力上确实比较微弱。在这次技术革命中，创新投入繁荣但是产出却比较惨淡，这种现象被称为科技创新平原。一部分经济学家和投资人对此解释道，首先世界面临着科技革命的瓶颈，那些低垂的、易于摘取的"果实"已经被摘完了；其次，大量创新创业活动被引入了错误的方向，因为现代的创新往往通过游说从政府获取大量资源，为经济和政治特权集团服务，其盈利的产品往往来源于知识产权法规的过分保护，而不是产品本身的性质[1]；还有此次技术革命缺乏根本性的产品创新和历史性的工艺创新，创新最为活跃的行业是金融与批发零售行业，然而这些行业对价值创造和生产率提高的贡献并不显著。[2]

我们可以对上述最后一种解释作出进一步分析。有学者指出，技术革命对经济增长的推动程度取决于能源、材料和连接的创新，这两方面的创新是引爆经济增长潜能的关键因素。比如第一次技术革命中能源—材料—连接为水利动力—棉花—水运网络，第二次技术革命为煤炭—

---

① Cowen, Tyler, *The great stagnation*：*How America ate all the low-hanging fruit of modern history*, *got sick*, *and will（eventually）feel better*, Penguin, 2011.

② Mullan, Phil, *Creative destruction*：*How to start an economic renaissance*, Policy Press, 2017.

铁—铁路网络,第三次技术革命是电力—合金—钢轨和铁路,第四次技术革命是石化能源—化工材料—有形的物理连接和无形的信息连接。当前的技术革命主要实现的是连接革命,它加强了市场主体之间的信息连接,但在能源和材料上并没有突破性发展。在这种条件下人工智能和大数据带来的变化,只是各种成本包括材料、能源和流通成本的节约,以及商品生产的个性化和消费者满意度的提升,而非新的能源和材料所带来的整体生产部门的变革,从生产工具到最终产品整个产业链的再造。①

2008 年以来的经济停滞不仅对应于由技术革命所引致的长波下行阶段,而且叠加了利润率下降的周期。利润率下降抑制了资本投资的意愿,从而不利于就业和产出的增长。根据迈克尔·罗伯茨的计算②,当前,大多数经济体的利润率没有恢复至 2007 年的水平,也低于1997 年的上一个峰值水平。经济停滞之所以长期持续,从根本而言是因为利润率没有真正恢复。

利润率演变的这一结果可以放在更长期的历史背景中来理解。1965—1982 年,所有主要经济体的利润率都下降了,下降的原因包括资本主义国家(日德与美国)之间竞争加剧,生产机械化程度提高,充分就业导致工人谈判能力增强、造成了对利润的挤压等。虽然有很多学者支持工资份额提高引致利润挤压这一观点,但是从工资份额的演变趋势来看,这一时期工资和生产率之间的差距已经不断缩小,也即工资份额已经出现了下降趋势。

---

① 杨虎涛:《数字经济的增长效能与中国经济高质量发展研究》,《中国特色社会主义研究》2020 年第 3 期。

② Michael Roberts blog, "The Three Contradictions of the Long Depression", https://thenext-recession. wordpress. com/2022/03/13/the-three-contradictions-of-the-long-depression/.

图 1.1 G20 国家的利润率

资料来源：Roberts，2022。

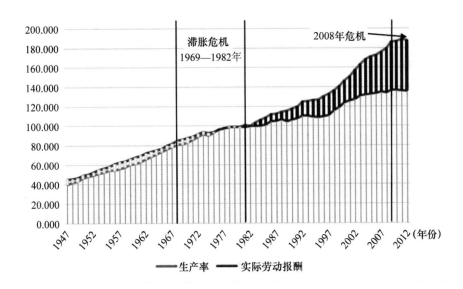

图 1.2 1947—2012 年美国实际小时工资和生产率（1982 = 100）

资料来源：Shaikh，2016。

为了扭转利润率下降的趋势，以里根治下的美国和撒切尔夫人治下的英国为代表的发达资本主义国家开启了新自由主义改革，其核心目标是削弱劳动者的力量，在分配中降低劳动份额、提高利润份额。这一改革目标在一定程度上实现了，实际工资开始逐渐向下偏离于劳动生产率的增长，利润份额和利润率出现了回升，不过利润率始终没有回到 20 世纪 60 年代的水平。实际工资增长放缓、劳动份额的降低为资本主义经济埋下了新的隐忧，廉价劳动力削弱了企业进行技术创新的动力，而且劳动者家庭在工资增长停滞的情况下，为了满足家庭消费需求不得不借债消费，推动了家庭债务的大幅增长，增加了金融系统风险。

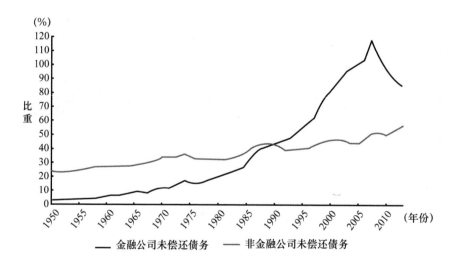

图 1.3　非金融公司和金融公司债务占 GDP 比重

资料来源：马格多夫等，2015。

发达资本主义经济处于长期停滞这一状况是趋势性的、根本性的，而非暂时性的、偶然性的，它是技术创新活力不足的长波下行阶段和利润率下降趋势共同叠加导致的。伴随着经济停滞的趋势，发达资本主义国家大量资本流向了金融领域，推动了经济的金融化趋势。经济金融化的一个重要表现是，从非金融公司和金融公司债务占 GDP 比重的变动趋势而言，尽管非金融公司债务占美国 GDP 比重自 20 世纪 80 年代以来开始上升，但是金融公司债务（包括银行、保险公司、养老基金、经济机构、抵押贷款和对冲基金）上涨更为迅速，在三十年间从 20% 飙升至 116%。[①]

二　中国道路创造世界经济发展奇迹

主流经济学有一个趋同理论，认为后进国家在融入现代世界体系以后，能够在经济和社会各个方面向发达国家趋同。鉴于后进国家起步水平比较低，所以它们应该比发达国家增速更快，才能实现趋同。在第二次世界大战后全球殖民体系崩溃以来，殖民地半殖民地国家纷纷政治独立，先后融入了世界体系。尽管自 20 世纪 70 年代以来，世界发达资本主义经济处于长期停滞趋势，但中国以外的低收入和中等收入经济体在 1960—2017 年的人均国内生产总值年均增速为 1.9%，仍低于发达国家的增速 2.2%，这意味着它们与发达国家之间的差距在不断扩大，趋同论对它们而言并不适用。唯一的例外就是中国，在 1960—2017 年间，中国人均国内生产总值的年均增速为 6.6%，远远

[①]　弗雷德·马格多夫、约翰·贝拉米·福斯特：《停滞与金融化：矛盾的本质》，张雪琴译，《政治经济学报》2015 年第 4 卷。

高于发达国家，如果看改革开放以来的情况，中国的增速高达8.6%，而高收入经济体只有1.6%。① 与其他发展中国家相比，中国道路无疑创造了世界经济发展奇迹。

从中国对世界经济的影响来看，因为发达国家经济长期停滞，发展中国家增速放缓，所以中国的增长对世界经济做出了巨大贡献。根据卢获的计算，2000—2018年间，在核算意义上，中国对全球范围的经济增长所做的贡献近1/4，对发展中国家经济增长的贡献近半，而在工业化方面的贡献更高，分别达到了35%和56%，同期还将全球工资率的年平均实际增长率从1.3%提升到2.3%。在贸易上，中国在全球贸易总量的份额中，从2000年的4%增加到2018年的12%，在此期间，对全球贸易增量的贡献达到16%，使得中国从2009年以来成为全球最大的贸易经济体。②

如何解释中国经济的增长奇迹呢？这不仅仅是中国投入大量劳动力和土地等生产要素的结果，更重要的是伴随着这一投入所带来的工业化不断推进、生产率不断提高的影响。在1952—2018年间，国内生产总值和工业增加值的年均增长率分别为8.1%和10.8%，中国工业部门的劳动生产率不断提高，而且生产率提高导致工业品价格更加廉价，这使得其他使用工业品的部门享受到了工业部门生产率提高的效益。工业增加值的增加和生产率的提高主要是因为整体经济生产性投资的增加。1952—2018年间，整体经济的总支出、总消费和总投资的年均增长率分别为8.1%、7.1%和10%，投资增长率显著高于消

---

① 卢获：《新中国的"积累"革命》，《东方学刊》2019年第5期。
② 卢获：《中国道路对全球后进发展的意义》，2019年中国政治经济学四十人论坛发言。

费增长率。①

　　进一步地，经济保持高投资增长率和高积累率的根源在于社会总体的剩余价值率更高。举例说明，假如社会总产出为 12 万亿元，这一期用于劳动者个人及其家庭的消费为 6 万亿元，占 50%，那么剩下来的部分就是剩余价值 6 万亿元，剩余价值率（剩余价值与劳动者消费之比）为 100%，剩余价值与国民产出之比为 50%。如果公共消费和非生产性部门占用了剩余价值的一半，达到国民产出的 25%（3 万亿元），留下来的部分用于生产性投资构成经济积累，那么积累率达到 25%。如果下一期劳动生产率提高一倍，达到 24 万亿元，这样总产出增加 12 万亿元。考虑两种极端情况，首先，如果 12 万亿元全部用于消费，那么剩余价值率降低至 1/3，剩余价值占国民产出之比降低至 25%，积累率相应地降低至 12.5%；其次，如果 12 万亿元全部归于剩余价值，那么剩余价值提升至 300%，剩余价值占国民产出之比提高至 75%，积累率相应地提高至 37.5%。这意味着随着劳动生产率的提高，剩余价值率在三分之一至百分之三百的区间变化，如果公共消费和非生产性部门与剩余价值比例不变，那么积累率相应地处于 12.5%—37.5% 的区间。有学者计算发现，1992—2015 年，中国经济剩余价值率从 196.8% 上升至 247.8%②，这是党和国家能够推动不同所有制企业之间相互竞争，从而实现经济高积累率和高增长率的根本基础。

---

　　① 卢荻：《新中国的"积累"革命》，《东方学刊》2019 年第 5 期。
　　② 荣兆梓、李艳芬：《社会主义积累规律研究：基于中国经济增长 70 年》，《教学与研究》2019 年第 9 期。

中国和其他发展中国家在经济增长上的差异主要在于生产投资增长的差异。在2000—2017年间,中国在全球的资本形成中所占份额增加了20个百分点,而中国之外的发展中国家同期仅增加了8个百分点。国内资本形成占GDP的平均比重同样反映了这一现象,在此期间,中国的平均水平是43%,中国之外的全部发展中经济体则只是25%,两者差距甚大(几乎同样的情况也见之于制造业增加值占GDP的比重)。[①]

由以上分析可知,中国经济呈现出了一种投资率增速高、生产率增长快、以工业化推动经济增长的模式,这与发达国家技术创新活力不足、生产率增长缓慢、金融业发展迅速的模式形成了鲜明对比。由此而言,中国的经济增长本身不仅极大地拉动了世界经济的增长,而且塑造了世界经济的新格局。

尽管中国经济增长创造了更多产品和服务,体现了鲜明的生产性,但是有一种观点怀疑中国经济增长模式对其他发展中国家不利,认为中国一直进口其他发展中国家的初级产品,导致这些国家的产业结构很难升级,阻碍了其走向工业化道路。不过,根据贸易进出口数据,在1998—2018年间,中国的贸易条件不断恶化,也即出口产品的价格相对于进口产品的价格不断下跌,其中相对于发达国家轻微下跌3%,相对于其他发展中国家下跌53%,这意味着发展中国家在与中国的贸易中贸易条件大幅改善,获得了更多的贸易收益。由此看来,其他发展中国家的问题并不在于和中国做贸易,而是在于它们没

---

① 卢荻:《中国道路对全球后进发展的意义》,2019年中国政治经济学四十人论坛发言。

有恰当使用从贸易中获得的经济收益。这可能是因为它们自己国内的经济或制度问题,限制其无法将大部分贸易收益用于投资和工业化,由此导致了本国经济发展缓慢,无法开启快速的工业化进程。①

自新冠肺炎疫情暴发以来,与发达国家相比,发展中国家疫苗接种率较低,政府对经济的支持措施规模比较小,发达国家和发展中国家之间的经济差距进一步拉大。很多国际经济组织都指出了这一点,比如根据世界银行《2022年世界发展报告》,虽然2020年世界各国的人均收入都有大幅下降,但到了2021年,40%的发达经济体已经恢复并超过了2019年的产出水平,而只有27%的中等收入国家和21%的低收入国家做到了这一点。中国对疫情的有效防控再次使我国经济发展情况成为例外,根据统计局的数据,我国在2020年和2021年分别增长2.3%和8.1%,年均增长5.1%,相比而言,根据IMF在2022年1月的《世界经济展望》测算,世界经济GDP增长率分别为-3.1%和5.9%,根据BEA的数据,美国GDP增长率分别为-3.4%和5.7%,欧元区的情况差于美国,根据Eurosts的数据,分别为-5.9%和5.3%。此外,俄乌冲突局势将打击欧元区和美国的经济复苏,同时进一步拉大欧元区和美国之间的经济增长差距。

三 国际力量对比日趋均衡

2021年6月8日,美国参议院通过《2021创新与竞争法案》,该

---

① 卢荻:《中国道路对全球后进发展的意义》,2019年中国政治经济学四十人论坛发言。

法案简称为"中国法案",以与中国的科技与战略竞争为核心诉求,被称为美国近十年来最重要的产业政策。随后6月中旬美国总统拜登通过G7峰会、欧美峰会和北约峰会联合盟友,企图对中国崛起形成全球围堵。这些事件彰显了美国民主党和共和党已经超越分歧,在遏制中国的战略上达成了共识。《文化纵横》编辑部对此作出判断:"中美矛盾上升为世界主要矛盾的时代正在到来,中美关系自此进入一个新的阶段:20世纪70年代因美苏矛盾而形成的中美苏战略三角时代;20世纪90年代至2017年,中美因经济利益高度互补而形成的中美战略竞合时代,从此结束了。"[1]

乔万尼·阿里吉从一个长周期的视角,立足于整个世界体系的演变,来解释世界霸权的更迭。他识别出了四个经济积累的周期,在每一个周期中起着主导地位的国家或地区充当着塑造世界经济特征的霸权角色。一是热那亚周期,从15世纪到17世纪初;二是荷兰周期,从17世纪上半叶到18世纪中叶;三是英国周期,从18世纪下半叶开始到19世纪末20世纪初期;四是美国周期,从19世纪末期开始,一直延续到现在。[2] 现在,我们正处于由美国作为世界霸权的第四个积累周期。

在阿里吉看来,每一个霸权周期都包括两个阶段。第一个阶段是贸易和生产大规模发展的阶段,这一阶段投资与贸易和生产的收益不断增加,企业利润不断用于贸易和生产的再投资,但随着时间的推

---

[1] 《文化纵横》编辑部:《中美矛盾上升为世界主要矛盾的时代正在到来》,《文化纵横》2021年第4期。

[2] [意]杰奥瓦尼·阿瑞基:《漫长的20世纪——金钱、权利和我们社会的根源》,姚乃强、严维明和韩振荣译,江苏人民出版社2001年版,第7页。

移，不断增长的大量利润对贸易和生产的再投资，耗竭了经济中的盈利机会，超过了消费者的消费能力，企业之间恶性竞争日益加剧，最终经济经常爆发生产过剩和经济危机。作为对第一阶段的反应，第二个阶段由物质扩张转变为金融扩张，银行等金融中介在这一阶段获得了高额利润，非金融企业也日益依赖投资金融领域获取利润。但这一阶段的繁荣只是暂时的，因为金融化不仅没有解决前一阶段的问题，而且加剧了经济竞争和社会冲突。可以说，金融化的发展既意味着霸权国家的地位走上巅峰，也意味着霸权影响开始衰落。前有英国，后有美国，都是如此。①

聚焦到美国，其制造业增加值占世界经济比重从 1960—1980 年开始出现了长期下降趋势。就总利润所占份额而言，美国金融、保险和房地产行业所占的份额在 20 世纪 80 年代几乎赶上了制造业，在 20 世纪 90 年代便超过了后者。在 20 世纪 70 年代和 80 年代，非金融企业更多地投资于金融资产，而非工厂和设备的投资，他们的收入也越来越依赖金融来源，而非生产性活动。这一转换最突出的表现是沃尔玛取代了通用汽车，成为代表美国的样板企业。曾几何时，通用汽车建立的生产设施遍及世界，但大部分产品在美国制造和销售，而沃尔玛仅仅是沟通外国承包商和本国消费者的一个商业企业。这足以说明美国霸权已经进入了金融扩张阶段，和一个世纪以前的英国遵循了类似的轨迹，当年英国面对制造业竞争的不断加剧，同样采取了金融化

---

① ［意］乔万尼·阿里吉：《亚当·斯密在北京——21 世纪的谱系》，路爱国、黄平、许安结译，社会科学文献出版社 2009 年版，第 228—235 页。

的应对措施。①

在这样一个金融扩张阶段，美国的霸权正在解体，处于垂死的阶段。苏联解体后，美国的地位似乎达到了顶点，但越南战争、阿富汗战争和伊拉克战争等损害了美国军事力量在全世界的信誉。美国在与弱小国家作战时难以取胜的困境，标志着美国霸权出现了危机。尽管未来美国仍将是军事实力占据压倒性优势地位的大国，但是美国在一系列军事行动中的困境和被动性，尤其是美国撤军阿富汗过程中的一系列乱局，都不断释放着美国霸权危机的信号。在经济上，由于美国企业在竞争中的地位恶化以及美国试图以金融化来抑制这一局面，美国已成为世界上最大的债务国，但其主要融资国家不是欧洲国家，而是南方国家，尤其是东亚的中国和日本。也就是说，美国全球金融霸权依赖其他一些国家的资金和信贷支持，但是这些国家恰恰是其霸权统治格局的受害者。所有这些都意味着美国全球政治经济中心地位的绝对或者相对丧失。

中国在世界上的影响力不断上升，尤其是在经济领域。中国经济的快速增长是带动整个东亚崛起的火车头；中国企业投资于西方公司不愿涉足的非洲国家，而且不附加西方援助所带的条件；中国与拉美和欧盟的贸易经济联系也不断加强，促进了世界多边主义格局。在促进贸易自由化方面，中国的表现也让美国黯然失色，尤其是美国总统特朗普执政期间，美国退出全面与进步跨太平洋伙伴关系协定（CPT-PP），与中国开展贸易战的行径完全违背了其作为市场经济推行者的

<hr>

① ［意］乔万尼·阿里吉：《亚当·斯密在北京——21世纪的谱系》，路爱国、黄平、许安结译，社会科学文献出版社2009年版，第136—140页。

承诺。

中国的发展日益让美国感到了威胁，《纽约时报》早在 2004 年 7 月 4 日做出的预言正在成为现实，"21 世纪，……即使中国人民的平均财富赶不上美国，即使美国继续操纵强大的经济游戏并在科技领域占据领先地位，中国仍将成为一个越来越令人敬畏的竞争者。如果有任何国家将在世界市场上取代美国，那将是中国"。兰德公司在 2020 年一份智库报告中设想了世界经济趋势变化如何影响未来的战争爆发，在未来十年内，"美国经济力量，尤其是与其盟友国家结合起来，依然将占据主导地位，继续使美国保持为一个有吸引力的霸权国家，但这一力量相对而言会变得更小。美国经济力量的相对下降可能不会直接增加战争的风险，但却能够影响经济霸权工具的使用，比如制裁，比如限制国家安全决策者在面对国际问题时的决策"[1]。

历史上资本主义已经成功完成了两次霸权的转换，从荷兰到英国的霸权转换，从英国到美国的霸权转换，这两次霸权转换都导致了国际体系的崩溃，直至新霸权的重建和崛起。每一次霸权的转换都离不开战争，第一次是七年战争和英国对印度的战争，第二次是两次世界大战期间美国对战争需求品的供应。面对中国在国际体系中的地位上升，美国会作出什么选择呢？

第一种可能是走向新冷战，美国动员挑拨世界上各个地区对抗中国，目标是在不发生大规模冲突的情况下，巧妙地将一个正在崛起的

---

① Shatz, Howard J., Nathan Chandler, "Global Economic Trends and the Future of Warfare: The Changing Global Environment and Its Implications for the US Air Force", RAND Corporation Santa Monica United States, 2020.

庞然大物纳入美国印太司令部的联盟体系。第二种可能是美国走向调整和适应，这一策略的基调依然是认同美国的利益在于同中国合作与竞争，反对美国通过军事基地和安全体系围堵中国，主张依靠政治经济机制对中国进行遏制，保持美国对世界经济的领导权。还有学者在早些时候提到一种更为乐观的可能，鉴于美国在经济上对中国的依赖度很高，美国企业如果不依赖中国外包将失去竞争力，美国企业的利润依赖庞大的中国市场，那么美国可能对中国的崛起做出让步，成为一个快乐的旁观者。

从目前中美经贸摩擦和科技战情况来看，美国采取了某种结合第一种和第二种的混合型策略，这种策略可能随着美国国内社会矛盾的变化和国际地缘政治格局的变化，而相应地偏向第一种或者第二种。根据学者的研究，从世界经济体系的人口分布来看，如果将美国、英国、法国和德国的人均 GDP 定义为帝国主义标准，将人均 GDP 与这一标准的比例在 75% 以上的国家视为中心国家，在 25% 以下的国家视为外围国家，在二者之间的国家视为半外围国家，那么中心国家人口自 19 世纪 70 年代以来至 20 世纪 70 年代长期占比 10%—17%，外围国家人口占比从 57% 上升至 66%。在 1990—2010 年间，世界收入的分配模式基本保持不变，中心国家人口占 13%—14%，外围国家人口占 68%—71%。

截至 2017 年，我国人均 GDP 上升至标准的 31%，实现了从外围向半外围国家的转变，这意味着外围国家人口降至 50%，这是自 1870 年以来的最低值，半外围国家人口增加至 38%。中国从半外围国家向核心国家的转变意味着核心国家人口占比从 1/6，超过 1/3，这样一种人口结构所对应的价值转移体系也将发生改变。从国际贸易体现的价值转移来看，2017 年中国的出口提供的劳动量为 9100 万单位，进口获得的劳动量为 4400 万单位，价值净转出为 4700 万单位，占所有中低收入国家 1 亿 8400 万单位的 26%。美国占有了这些价值净转移的 1/3，其他高收入国家共占据 2/3。如果中国从半外围国家变为中心国家，这意味着中国不再是净价值转移的提供者，假如中国的进出口结构和美国以外的其他发达国家类似，那么中国的进口需要获得的劳动量需要达到 1 亿 8000 万单位，即需要从国外获得 9000 万单位劳动，而不是向国外提供 5000 万单位劳动，这 1 亿 4000 万的变化量占据发达国家获得总价值转移量的 2/3。这表明，如果中国要在现行资本主义世界体系中提升分工的地位，那么发达国家就必须放弃其获得的大部分剩余价值，这种价值分配结构的变化必然将引致剧烈的政治经济冲突。①

----

① Li Minqi，"China：Imperialism or Semi-Periphery?"，*Monthly Review*，2021，Vol. 73，No. 3.

第二章　中华民族伟大复兴的
关键期

虽然世界经济的发展呈现了东升西降的趋势，但中国在国际分工地位的提升将面临结构性矛盾，以既有的价值分配逻辑实现从半外围国家向中心国家的转移必将遭遇重重挑战。伴随着中国经济增长进入新发展阶段，中国社会经济面临着结构性调整的任务，我国正处于实现中华民族伟大复兴的关键期。

一　经济增长进入新发展阶段

2014 年，习近平总书记在亚太经合组织工商领导人峰会开幕式上的演讲总结了中国经济呈现出新常态的经济特点："一是从高速增长转为中高速增长。二是经济结构不断优化升级，更多依赖于消费需求拉动，避免依赖出口的外部风险。第三产业、消费需求逐步成为主体，城乡区域差距逐步缩小，居民收入占比上升，发展成果惠及更广大民众。三是从要素驱动、投资驱动转向创新驱动。新常态将给中国带来新的发展机遇。"①

习近平总书记对新常态的分析，揭示了我国经济的发展呈现出了阶段性、周期性变化，这一分析随着时间日益显示出了其对经济趋势的精准把握。根据世界银行统计数据，中国经济自 2014 年以来不仅从高速增长转变为中高速增长，而且经济增速呈现出了缓慢的下滑趋势。2020 年疫情期间，中国经济在第一季度出现了负增长，但随着我国对疫情的有效防控，经济自第二季度开始复苏，在 2020 年全球世界经济为负增长的情况下实现了 2.3% 的正增长。在 2020 年基数效应的影响下，据中国统计局数据，2021 年我国经济同比增长 8.1%，实现了强劲复苏。因为我国经济相比于其他国家更快实现了复苏，英国智库经济和商业研究中心（Centre for Economics and Business Research，以下简称 CEBR）预测中国 GDP 超过美国的时间将从 2033 年提前至 2030 年。

从经济结构来看，2008 年以来中国出口对经济增长的贡献维持在较低水平。2021 年中国的贸易顺差为 6762 亿美元，达到了有史以来的最高水平，其中一半来自美国。出口强劲有力地推动了我国经济的发展，我国 2021 年经济增速高达 8.1%。尽管贸易顺差正在创下纪录，但是这一形势主要是因为一方面，全球各地的家庭在疫情期间居家隔离，其他国家因为疫情而出现供应链中断，中国很快控制了疫情的蔓延并实现了经济复苏，我国宅经济相关产品（包括笔记本电脑、家

---

① 习近平：《谋求持久发展 共筑亚太梦想——在亚太经合组织工商领导人峰会开幕式上的演讲》，https：//www.fmprc.gov.cn/web/gjhdq_676201/gjhdqzz_681964/lhg_682278/zyjh_682288/201411/t20141109_9384048.shtml。

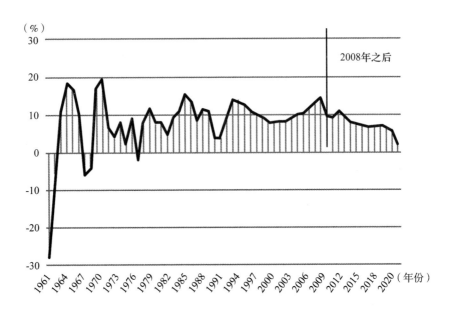

图 2.1 1961—2020 年中国经济增长率

资料来源：世界银行数据库。

用电器等）和医药产品的出口大幅增加；另一方面，鉴于国外疫情的蔓延以及排外意识增强，出国旅游和读书的规模缩减导致的服务贸易逆差减小。这些因素大多都是与疫情相关的短期因素，随着后疫情时代的到来，疫情之前的长期经济趋势将再次主导我国经济的发展动态。

资本形成总额自 2008 年以来也呈现下降趋势，中国在 2020 年的经济增长主要归因于总资本形成，尤其是公共基础设施投资。在2.35% 的经济增长中，总资本形成的贡献为 2.16%，最终消费和净出口贡献分别为 0.51% 和 0.63%。这意味着中国经济的复苏是不平衡的。不过比较第二季度和第四季度的增长结构，可以看到中国的经济增长结构正在变得更加平衡。第二季度消费增长贡献和总资本形成贡献分别为 −2.35% 和 4.95%，第四季度分别为 2.49% 和 2.57%。

在出口和私人投资对经济增长拉动乏力的情况下，经济增长不得不更多地依赖消费需求的刺激。

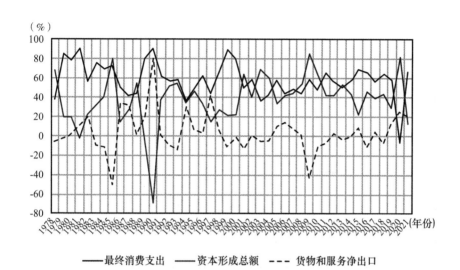

图 2.2　1978—2021 年中国三大需求对经济增长的贡献率

资料来源：中国统计局。

从经济增速和经济结构演变整体来看，改革开放尤其是 2001 年我国加入世贸组织以来，我国经济经历了两个发展阶段。第一个阶段是 20 世纪末 21 世纪初至 2008 年，这一阶段经济增长主要依靠廉价劳动力发展劳动密集型、出口导向型的加工制造业，出口需求是推动经济增长的主要动力。第二个阶段是 2008 年国际金融危机以来，世界发达资本主义国家陷入大衰退，进入长期经济停滞阶段。外需对经济的拉动作用减弱，经济主要依靠基础设施建设和房地产开发联合推动的城市化进程。

经济增长阶段性变化的根源在于利润率的周期性变化。在第一个阶段，因为我国经济起点比较低，大量的外资引入和设备进口迅速提高了劳动生产率，并且由于私有经济和产业后备军的扩大，利润份额得以快速提升，所以整体经济的利润率也在提高，经济处于上行阶段。进入第二个阶段，因为国内外的技术差距逐渐在缩小，所以劳动生产率的增长放缓。而且产业后备军的萎缩使得利润份额下降，再加上基础设施前期投资大、回收周期长，经济的利润率开始下降，经济处于下行阶段。随着经济的利润率下降，经济体内资本为了寻求盈利能力更高的投资机会，逐渐由实体经济进入金融投机领域，经济显现出了脱实向虚的趋势。根据齐昊的计算，自 2000 年以来至 2014 年，金融、房地产和商业这些非生产性部门从经济中获得的利润份额已经从 20% 上升至超过 30%。①

中国经济进入新发展阶段后有望创造良好的增长态势。从根本而言，这是因为我国的社会主义市场经济体制具有制度优势。在工业革命以后，英国建立了国家作为守夜人的市场经济，市场经济的主体只有私人企业，这是市场经济 1.0 版本。在 20 世纪 30 年代大萧条后，发达国家意识到市场经济存在有效需求不足的内生矛盾，因此需要国家发挥建设基础设施等职能，国家介入了市场配置资源的机制，这是市场经济 2.0 版本。中国的特色社会主义市场经济体制超越了市场经济 1.0 版本和 2.0 版本，逐渐形成了市场经济 3.0 版本。在这一体制中，党和国家嵌入了市场经济体制，对国家经济治理发挥全面领导作用，形成了包括社会主义政党、国家和竞争性地方政府和各类所有制

---

① 齐昊：《剩余价值率的变动与中国经济新常态：基于区分生产劳动与非生产劳动的方法》，《政治经济学报》2017 年第 10 卷。

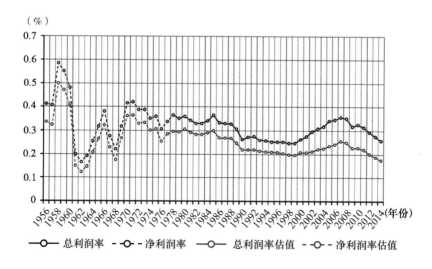

（％）

图 2.3　1956—2014 年中国经济的利润率

资料来源：齐昊《剩余价值率的变动与中国经济新常态：基于区分生产劳动与非生产劳动的方法》，《政治经济学报》2017 年第 10 卷。

企业共同作为市场主体的经济体制。国家着眼于长期发展的宏观战略管理，制定和执行国家中长期发展规划；我国宏观经济政策超过了传统凯恩斯主义的财政和货币政策，越过了需求侧管理和供给侧管理之间的僵硬界限，将产业、区域、城乡和环保也作为宏观管理的重要手段；注重建设中国特色产业政策体制和国家创新体系，国家可以作为重大科技创新的组织者和新兴市场的创造者发挥作用，通过不同层级政府之间的博弈和竞争，有效促进了产业升级和经济发展；做大做强做优公有制经济，通过混合所有制等多种途径构筑公有经济和非公有经济的竞争性合作关系，提高所有企业的竞争效率；调节收入和财富分配，实现全体人民共同富裕，改善收入和财富分配格局。①

社会主义市场经济体制的制度优势在疫情防控中体现得很明显。中国相比于发达资本主义国家的优势在于党的领导不代表任何特殊利益集团，而是肩负解放和发展生产力、实现民族复兴的使命型政党，在疫情防控中人民的生命高于资本的利益。国外学者在反思发达国家的疫情防控时，指出资本主义国家的政府受资本的利益所控制，将资本的利益置于人民生命之上，这是其不能像中国一样，充分动员政府资源、科技的最新发展、各类企业和基层群众参与疫情防控的根本原因。② 在抗疫失败后，面对疫苗未必可靠、感染率高可能导致医疗资源挤兑、病毒长期后遗症尚未明确、诸多发展中国家因为疫苗接种率低而处于险境等诸多不确定性，西方国家不得不选择过早地与病毒共存。

现在已有诸多迹象表明中国进入新发展阶段后，有可能迎来经济发展模式的第三次转型，维持经济的中高速发展。首先，国家严厉打击了金融、房地产等非生产性行业，这降低了非生产性部门对经济利润的攫取；其次，在国家政策的支持和引导下，国有资本和民营资本积极投入数字经济、新能源和芯片研发等代表先进技术发展方向的部门，生产性投资的增加有利于提高生产率，在人口增速放缓的条件下维持经济长期增长；最后，国家对平台经济和垄断资本的约束有利于保护消费者利益，在共同富裕倡议下对收入分配格局的改善，也将提

① 孟捷：《党的领导与社会主义市场经济中的国家经济治理》，《理论月刊》2021 年第 9 期。
② Martinez, Carlos, "Karl Marx In Wuhan: How Chinese Socialism Is Defeating COVID-19", *International Critical Thought*, 10. 2, 2020, pp. 311 – 322.

高中低收入群体的消费，这些都有利于从需求侧支撑经济的发展。总之，对资本的有效驾驭将成为我国经济在未来实现健康发展的有力保障。

二　中国到了扎实推动共同富裕的历史阶段

习近平总书记在中央财经委员会第十次会议上的讲话中指出，"党的十八大以来，党中央把握发展阶段新变化，把逐步实现全体人民共同富裕摆在更加重要的位置上，推动区域协调发展，采取有力措施保障和改善民生，打赢脱贫攻坚战，全面建成小康社会，为促进共同富裕创造了良好条件。现在，已经到了扎实推动共同富裕的历史阶段"①。这一论断深刻地把握了市场经济的演化规律。

卡尔·波兰尼在《大转型：我们时代的政治与经济起源》中提出一个观点，完全自发调节的市场经济并不存在，市场经济的发展虽然总是希望脱离社会的限制，但最终依然从属于社会、政治关系。人类社会一直经历着一个双向运动，市场力量的扩张最终会引致旨在保护人、生产组织和自然的反向运动。

改革开放以来，从零星的商品交易，到一系列相互关联的市场制度的出现，包括劳动力市场、商品市场、资本市场和土地市场等，再到市场原则开始席卷非经济领域，包括政权运行和社会价值观等，逐渐确立了市场经济的地位。市场经济促进了中国在过去1/4世纪的高

---

① 习近平：《扎实推动共同富裕》，《求是》2021年第20期。

速增长，但同时也带来了一系列严重问题，比如贫富差距的扩大、生态环境的恶化、教育和医疗等成本的提高等。

根据世界银行的数据，中国的基尼系数自 2010 年开始处于下降趋势，从 2010 年的 0.437 下降至 2016 年的 0.385。[①] 根据瑞士信贷 2021 年的财富报告，2000—2020 年间中国财富基尼系数从 0.59 上升至 0.70，顶层 1% 的群体所占财富份额从 2000 年的 20.9% 上升至 2020 年的 30.6%。财富不平等程度低于巴西、俄罗斯和印度，但高于日本和意大利。[②] 皮凯蒂的著作《21 世纪资本论》将不平等问题再次带入了学术研究领域，新冠肺炎疫情则将不平等问题再次暴露在社会公众的视野。疫情期间，国内大多数中等收入群体遭受了收入下降和生活成本上升的问题，但顶层 1% 的群体所占财富份额因为资本资产和金融资产价格上涨而在 2020 年依然增长了 1.6%。如果这种情况持续下去，那么将加剧我国的经济分化和社会分裂。

自 20 世纪 90 年代以来，我国先后出台了一系列政策应对市场力量扩张所导致的种种问题，比如 2006 年全面取消农业税，2007 年全面推进新型农村合作医疗，2015 年以来实施的脱贫攻坚政策等。共同富裕的提出更加彰显了社会主义制度应对市场扩张的决心。2021 年 1 月 11 日，习近平总书记在省部级主要领导干部学习贯彻党的十九届五中全会精神专题研讨班上讲话指出，"实现共同富裕不仅是经济问题，而且是关系党的执政基础的重大政治问题。我们决不能允许

---

① 世界银行公开数据，https：//data.worldbank.org.cn/indicator/SI.POV.GINI？locations = CN。

② Global wealth report, Credit Suisse, June 2021.

贫富差距越来越大、穷者愈穷富者愈富，决不能在富的人和穷的人之间出现一道不可逾越的鸿沟"[1]。2021 年 8 月 17 日，习近平总书记在中央财经委员会第十次会议上的讲话中提出，"共同富裕是社会主义的本质要求，是中国式现代化的重要特征。我们说的共同富裕是全体人民共同富裕，是人民群众物质生活和精神生活都富裕，不是少数人的富裕，也不是整齐划一的平均主义"[2]。"十四五"时期，各省都在致力于实现共同富裕，例如，根据浙江省规划，到 2025 年，劳动报酬占 GDP 比重提高到 50% 以上，高等教育入学率达到 70% 以上，个人卫生支出占卫生总支出的比重控制在 26% 以下。

　　社会主义的本质是解放生产力，发展生产力，消除两极分化，最终达到共同富裕。在中华民族实现伟大复兴的关键时期，我国面临的两大关键任务是：实现经济结构调整以继续发展生产力，调整生产关系和收入分配以迈向共同富裕。在走出了一条落后国家发展生产力和实现工业化的成功道路之后，我国如何在新发展阶段不断拓展中国特色社会主义市场经济的内涵，创造性地探索出一条满足人民日益增长的美好生活需要的现代化道路，不仅关系到中国经济长期保持健康繁荣的发展，而且也将影响世界主要国家的不同发展模式在制度吸引力和模式影响力方面的竞争格局。

---

　　[1]　习近平：《把握新发展阶段，贯彻新发展理念，构建新发展格局》，《求是》2021 年第 9 期。
　　[2]　习近平：《扎实推动共同富裕》，《求是》2021 年第 20 期。

第三章　把握历史大势——中长期发展战略

一　构建新发展格局

在发达资本主义国家经济长期停滞、全球化遭遇逆流的背景下，习近平总书记强调要构建以国内大循环为主体、国内国际双循环相互促进的新发展格局。新发展格局的构建要坚持实施扩大内需战略。

在保证内循环、扩大内需方面，我们可以借鉴发达国家的历史经验。第二次世界大战结束后，发达资本主义国家实施了一系列经济制度，保证了经济的内循环、创造了资本主义历史上的黄金年代。内循环的关键在于实现劳动生产率、实际工资和利润率的同步增长，只有在这一条件下，大规模生产才能伴随着大规模消费，大规模消费反过来会促进大规模投资和技术革新，工人工资的提高带来大规模消费，形成一个经济变量相互影响的正反馈过程。政府在黄金年代期间实行了大规模刺激性政策，财政赤字消除了大量失业、倾向于提高工资份额，同时投资需求的上涨提高了融资需求，产生了推动利息率上升的压力。为了避免这些刺激性政策影响降低经济利润率，政府同时需要控制价格和工资，使工资保持增长但增速不超过生产率的增长，同时利息率被保持在较低水平，只有这样才能避免通胀的上升和新一轮增长率的下降。①

发达国家黄金时代的发展经验为我们构建新发展格局提供了经验。构建新发展格局的其中一个关键在于国家要调节劳动和资本之间的关系，将工资份额维持在恰当的水平，一方面使工资增长随着生产率同步增长；另一方面控制价格和工资，避免工资增长超过生产率的增长。不过，虽然发达国家战后黄金年代是国外很多学者魂牵梦绕的美好年代，尤其是在发达国家陷入危机的时候，很多学者希望政府模仿罗斯福新政，带领国家重回黄金年代，但即使在黄金年代时期，社会的腐败、城市的异化依然造成了沉重的窒息感，揭示了黄金年代不那么光鲜亮丽的一面。因此，黄金年代的发展模式可以为我们提供借鉴，却并不应该成为我们为之奋斗的目标，我国双循环格局的构建应该超越发达国家的黄金年代。

在这一过程中，为了提高社会整体的边际消费倾向，首先需要着重提高中低收入群体的收入水平。扩大中等收入群体是构建双循环格局的重要抓手。有研究表明，中国的全球中产阶层（即收入与欧洲中产阶层相同）增速很快，在人口中的比例已经从2007年的2%上升至2013年的14%，再到2018年的25%，在城市甚至达到了40%。这一中产阶层主要是分布在东部沿海的城市人口，依赖工资收入，企业家

---

① Shaikh, Anwar, *Paths to development*, *FIDE*, December, pp. 142 – 153.

只是其中的一小部分。在绝对规模上，中国的中产阶层是美国的两倍，几乎相当于欧洲的总和。中国中产阶层群体的体量意味着全球需求中心向中国的转移。中国中产阶层规模的提升还存在很大空间，由33个国家中等收入群体的份额与人均 GDP 之间的倒 U 形关系表明，中国处于倒 U 形曲线的上升部分，曲线的转折点处于50%—60%的中等收入群体份额，据此中国的中产阶层比重还有25%—35%的上升空间。①

其次，要让社会上最底层的成员享受到社会发展的成果，以改善收入分配、提高经济整体的消费倾向。李培林认为推进共同富裕的政策取向不是削尖，而是抬基，使相对贫困人口转变为中等收入群体。衡量共同富裕的一个重要指标是相对贫困率，按照世界通行标准，相对贫困人口一般是指年收入低于全国居民收入中位数的50%的人口。2019年，我国居民年人均可支配收入的中位数是 2.65 万元，50%约为 1.33 万元。按照国家统计局公布的农村居民住户调查的收入五等分数据，2019 年农村 20% 中间偏下收入组家庭的年人均收入是 0.97万元，20% 低收入组家庭是 0.43 万元，都低于 1.33 万元的相对贫困线。由此推算，我国 2019 年总人口 14 亿人，按常住人口计算的城镇化率是 60.6%，农村常住人口约 5.5 亿人。5.5 亿农民的 40%，就是2.2 亿人。也就是说，我国农村现阶段还有至少 2.2 亿人属于相对贫困人口、生活脆弱人口，占全国总人口的 15.7%。2018—2019 年，发达国家（经合组织成员国）的平均相对贫困率是 11.1%，其中比

---

① Sicular, Terry, Xiuna Yang, and Björn Gustafsson, "The Rise of China's Global Middle Class in an International Context", *China & World Economy*, 30.1, 2022, pp. 5 – 27.

较有代表性的国家类型，美国是 17.8%、韩国 16.7%、英国 12.4%、法国 8.5%，北欧国家多在 7% 以下。为了使共同富裕的推进具有可操作性，我们可以将政策目标设定为将相对贫困率从 15.7% 下降至 10%，以此作为实现共同富裕的第一步目标。[①]

二 走好自主创新的自力更生之路

形成国内国际双循环相互促进的新发展格局，需要抓住自主创新这一关键着力点，要依托我国超大规模市场和完备产业体系，创造有利于新技术快速大规模应用和迭代升级的独特优势，加速科技成果向现实生产力转化，提升产业链水平，维护产业链安全。

1. 实现制造业的全面高端化

习近平总书记在《国家中长期经济社会发展战略若干重大问题》中提出，"全国都在复工复产，我们不应该也不可能再简单重复过去的模式，而应该努力重塑新的产业链，全面加大科技创新和进口替代力度，这是深化供给侧结构性改革的重点，也是实现高质量发展的关键"[②]。

改革开放以来，尤其是 2001 年中国加入世贸组织以来，中国承接了西方发达国家的产业转移，利用廉价劳动力和土地资源构建了劳

[①] 李培林：《分阶段扎实推进共同富裕》，载李培林等主编：《2022 年中国社会形势分析与预测》，社会科学文献出版社 2022 年版。

[②] 习近平：《国家中长期经济社会发展战略若干重大问题》，《求是》2020 年第 21 期。

动密集型产业链，以中低端加工者角色融入了国际分工。在这一过程中，中国国内城市化进程如火如荼，与此同时，中国大量劳动力尤其是农村劳动力进入国际供应链，提高了西方资本主义国家的利润率，挽救了这些国家岌岌可危的经济态势，使其暂时规避了严重的经济危机。

不过，这种与西方国家尤其是美国的密切经济联系，也在很大程度了麻痹了我国对西方国家的警惕，忘记了西方集团曾经对中国和苏联以及俄罗斯实施的产品和技术封锁，幻想我们可以一直出口劳动密集型产品、进口高技术高附加值产品。实际上，美国长期以来都将中国的崛起视为其不可忽视的威胁。随着中国在很多领域接近美国，甚至超越美国，如5G和新能源，美国试图与中国结构性脱钩，将中国从其主导的科技阵营中排除出去。特朗普对中国发动的贸易战以及随后的科技战，将美国的长期恐惧完全暴露出来，彻底打破了中国试图安于国际分工舒适区的幻想。

拜登上台以来，一方面通过设立基金奖励、完善配套服务和基础设施等措施，积极推进规模宏大的产业回归计划，吸引韩国和中国台湾等地的芯片企业如台积电、得州仪器、美光科技和SK集团在美国投资设厂，增强对芯片行业的影响力；另一方面，限制中国企业对韩国芯片公司的收购，阻止跨国公司在华芯片生产设备进行产业升级，总之，想方设法阻碍中国获得相关的芯片技术。例如，美国参议院通过的《创新与竞争法案》的核心是用于美国芯片研究、设计和制造的520亿美元联邦投资。

从历史来看，美国的挑战者，包括日本和苏联以及后来的俄罗斯，其 GDP 都很难接近美国，唯一的例外是欧元区，其 GDP 与美国的比例维持在 80% 左右。但欧元区不是一个主权国家，缺乏统一行动的能力，而且通过北约等与美国建立了紧密的盟友关系，所以美国没有对欧元区进行战略压制。2021 年我国 GDP 为 114.3 万亿元，按照同年汇率计算，相当于美国 GDP 的 82% 以上。在未来十年，中国GDP 可能赶上并超过美国，这样的情况将引起美国如何的反应呢？

　　面对当前的国际形势，我国应该保障制造业基本规模，即在"量"的稳定的前提下，稳步推动制造业"质"的提升。制造业在质上的全面高端化离不开一定量的制造业规模作为基础。《中华人民共和国国民经济和社会发展第十四个五年规划和 2035 年远景目标纲要》提出"深入实施制造强国战略"，强调要"保持制造业比重基本稳定"，这与"十三五"规划提出的"服务业比重进一步提高"相比，发生了明显的改变。从世界范围看，虽然长期以来发达国家的产业外包导致了产业空心化和制造业离岸化趋势，以中国、印度和俄罗斯等为代表的金砖国家通过接受发达国家产业转移实现了迅速的工业化进程。但近年来随着工业生产自动化和智能化水平的提高，发展中国家的劳动力成本优势弱化，2010 年后发达国家制造业份额止跌回稳，而根据统计局数据，中国第二产业份额在 2010—2021 年间从 46.5%下降至 39.4%。[①]再加上中美贸易冲突、新冠肺炎疫情和俄乌冲突等外生冲击和地缘政治局势的变化也日益彰显着产业链和供应链保持安全稳定的重要性，发达国家鼓励推动制造业回流的趋势将进一步逆转

---

① 杨虎涛：《为什么保持制造业比重基本稳定十分必要》，《光明日报》2021 年 4 月 13 日。

全球制造业份额的"南升北降"。

在此背景下，考虑到制造业的研发投入和生产率增长高于其他行业，对经济整体的技术创新发挥着引擎作用，而且制造业作为中间投入的提供者和使用者，与其他行业的关联更加紧密，比服务业有更高的就业乘数、产业关联性和对整体生产率的外溢影响，我国需要维持制造业尤其是先进制造业的经济比重。有学者[①]测算了我国未来制造业占比的几种可能的情况，见表3.1。情况三介于比较悲观的情况一和比较乐观的情况二之间，有赖于国家对数字经济发展的大力支持。为了在"十四五"时期保持制造业比重基本稳定，我国必须深化工业化进程、推进制造业高质量发展。

表3.1 2035 年中国制造业占比的预测

	制造业增速 与 GDP 增速之差	2025 年 制造业占比	2035 年 制造业占比
情况一 沿袭 2016—2020 年制造业增速	− 1.09%	26.4%	23.77%
情况二 沿袭 1991—2020 年制造业增速	1.06%	29.2%	32.3%
情况三 预测的可能情况	2021—2025 年：0 2025—2035 年： − 0.68%	27.8%	26%

资料来源：笔者绘制。

首先，我们应该关注新兴产业部门的发展，抢占新兴产业发展的高

---

① 黄群慧、杨虎涛：《中国制造业比重"内外差"现象及其"去工业化"涵义》，《中国工业经济》2022 年第 3 期。

地，这是发展中国家实现弯道超车的一种有效方式。我国近年的发展已经取得一些成效，比如我国的光伏产业、锂电产业在世界市场已经占据了一定地位，信息产业也有突破性进展。但是在芯片、人工智能、量子计算、生物科技、航空航天、新材料和新能源等领域，美国很大程度上还占据着领导地位。尤其在芯片制造业的全产业链发展上，材料和设备方面由日本和美国主导，制造环节由中国台湾地区和韩国占据主导地位，我国大陆地区虽然在各个环节都有布局，但在关键环节上还存在技术代差，这是美国能够对中国企业进行定点打压的一个重要原因。我国一方面要围绕核心零部件、关键基础材料和先进基础工艺实施产业基础再造工程，另一方面统筹推进工业互联网和大数据中心等数字化基础设施，把握技术革命的机会巩固实体经济根基。

在促进新兴产业发展的同时，我们也不能放松对传统制造业的改造升级。我国在机床制造、金属加工、有机化工和燃油汽车制造等基础性传统工业上相对落后，以机床生产为例，我国该行业的产能规模很大，普通通用机床出口量也很高。但我国生产和出口的产品多是性能差、生产效率低的低端机床，高性能机床生产不了，需要从德国和日本大量进口。由此来看，我国必须大力发展以高性能机床为代表的中高端制造业产品的研发和制造，既要推进制造业的数字化、智能化和网络化，又要强化服务型制造、开启制造业品质革命，从而尽快完成进口替代，争取实现制造业的全面高端化。

2. 进一步推进创业型国家建设

有国外学者①指出，虽然美国一直标榜自由市场理念，倡导政府减少对经济的干预，但实际上在实际经济活动中，政府不仅是管理者和管控者，而且是关键的参与者，通常更愿意承担企业不愿承担的风险。这不仅存在于公共产品（如基础设施和基础研究）的少数领域，而且涉及从基础研究到应用研究、从商业化到企业早期融资的整个创新链。美国运用政府的力量将大量公共资金投入极具风险的科技创新项目，在创新周期不确定性最大的阶段进行投资，成为因特网、生物技术、页岩气等先进技术产生的关键推手。正如凯恩斯在《自由放任的终结》中写道："对政府来说，重要的不是越俎代庖，做那些个人已经在做的事，也不在于它是否做得更好或更差，而是去做那些目前根本无人去做的事情。"以苹果手机为例，其关键技术基本都是政府自主研发的。因特网的前身是 20 世纪 90 年代美国国防高级研究计划局组建的阿帕网；全球定位系统源自 20 世纪 70 年代美国军工项目定时测距导航卫星系统；触屏技术来自美国旧金山一家小公司，得到了美国国家科学基金会和中央情报局的资助；智能语音助手 SIRI 来自美国国防高级研究计划局人工智能项目带来的副产品。

美国政府的技术创新经验带给我们的一个重要启示是，预见技术的变革方向，学会组织、引导公共投资；从长远眼光评估政府的各种投资，确保这些投资具有战略意义，灵活的应变性和使命导向，摒弃

---

① 玛丽安娜·马祖卡托：《创新型政府——构建公共与私人部门共生共赢关系》，李磊等译，中信出版社 2019 年版。

投资的短视行为。重点在于考察投资的不同溢出效应，是否催生了新技术和新能力，是否催生了新科技、新产业和新市场；政府在开拓新市场的过程中完全有可能失败，有鉴于此，政府和纳税人需要从其中的一些成功案例中获得经济收益，避免传统上政府要承担失败带来的损失，却无法从成功中获得利益的制度缺陷。

首先，为了进一步推进创业型国家的建设，我们有必要统一社会共识，强调国家不仅是市场失灵的修补者，而且也是创业家，它承担着企业不愿意、不敢承担的风险，不断去塑造和创造新的市场。在明确了政府的创业家职能后，基于前瞻性的创意政策招募特定科技及特定产业方面的专业技术人才，在相关领域规划发展蓝图，打造更具活力的政府组织。

其次，在创业型国家建设的过程中，国有企业作为关键组成部分也要实施相应的配套改革。借鉴高岭等人[①]的研究，第一，国有企业可以积极参与新技术、新材料和新能源等领域的一级市场股权投资，作为实际执行者帮助政府培育和发展新兴行业，鼓励技术创新，并从那些获得成功的企业中获得盈利。第二，国有企业经理层的选择应该更加关注其是否能够提高企业的技术发展能力和整合能力。我国现在正在推行职业经理人制度改革，以改变国有企业经理层主要由行政任命的局面。本文认为不论是市场招聘还是行政任命，关键问题在于最终选择的经理层能够加强对企业生产过程和技术创新过程的控制，从而不断提升对技术的整合。为此，经理层的选择应该更加注重是否具

---

① 高岭、卢获、唐昱茵：《市场控制还是组织控制——评国有企业向创新型企业转型的两种改革思路》，《工信财经科技》2021 年第 4 期。

有技术认知背景、是否具有特定的以产品为导向的技能，而不是管理的通用技能。

最后，国家可以引导资本发挥技术创新的作用。2021年中央经济工作会议提出，要正确认识和把握资本的特性和行为规律。社会主义市场经济是一个伟大创造，社会主义市场经济中必然会有各种形态的资本，要发挥资本作为生产要素的积极作用，同时有效控制其消极作用。要为资本设置"红绿灯"，依法加强对资本的有效监管，防止资本野蛮生长。我国当前处于社会主义初级阶段，市场和资本对我们而言都是工具，我们应该充分发挥资本在推动生产力发展中的作用，抑制其在垄断、非理性投资和无序扩张方面的负面影响。就当前构建新发展格局的需要而言，我们应该引导资本进入符合国家长远发展方向的基础性、战略性领域，投资于实体经济和自主创新，而非以金融投机为代表的非生产性领域。

第四章 上海：发挥示范引领作用

上海长期以来占据全国城市 GDP 排名首位，它的经济增速和经济结构都反映了全国经济的整体趋势。

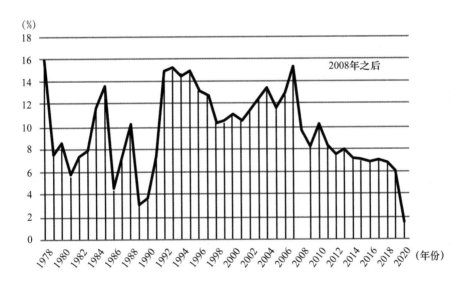

图 4.1 1978—2020 年上海 GDP 增长率

资料来源：2021 年上海市统计年鉴。

从 GDP 增长率来看，上海的增长趋势反映了全国的情况。自

2008 年国际金融危机以后，GDP 增长率并没有恢复到危机前的水平，而是呈现缓慢下滑趋势，保持在低于危机前的平均水平上。

从经济结构而言，自 2008 年以来，资本形成总额和货物与服务净流出对 GDP 增长贡献的比例呈现下降趋势，最终消费占比呈现上升趋势，这种分化趋势比全国经济数据更为显著。

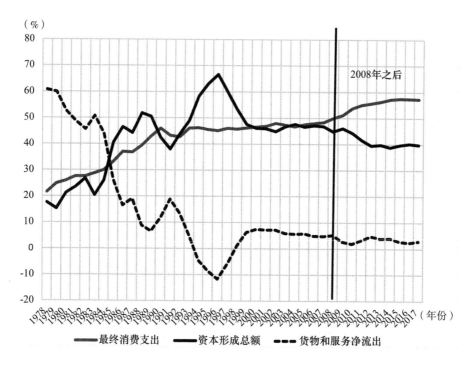

图 4.2　1978—2017 年上海三大需求对经济增长的贡献率

资料来源：2018 年上海统计年鉴。

面对经济进入了新的周期阶段，国家提出了构建双循环发展格局的策略。上海的经济周期与全国经济呈现出了相似的特征，由此，上海只有在构建双循环格局中发挥引领示范作用，才能既保持发展优势，又能服务于国家大局。上海服务构建新发展格局的目标已被定位为打造成国内大循环的中心节点和国际国内双循环的战略链接，实现这一目标的关键在于通过大力发展创新型经济、服务型经济、总部型经济、开放型经济和流量型经济，引领国内产业链的转型升级，提升我国在全球价值链体系中的地位。

一 维持工业份额的底线

上海工业是全国民族工业的摇篮和发祥地，上海要坚定不移发展工业。与纽约、伦敦等其他国际性大都市相比，上海最大的特征便是产业基因。在上海提出"五个中心"建设之一的科技创新中心以后，上海便确定工业产业部门的底线是保持25%的份额。从上海三大产业结构来看，上海第二产业的下降趋势和第三产业的上升趋势非常明显，鉴于第一产业所占比重非常低，第二产业的下降份额基本上都转化为第三产业的增加。至2020年，上海工业产业比重下降至25%。上海试图将工业部门所占份额保持在25%，意味着希望扭转第二产业和工业产业的持续下降趋势，不能任由制造业尤其是先进制造业的比重持续萎缩。

在新一轮数字技术革命中，上海需要发挥先进制造业的战略引领作用。以人工智能、大数据为代表的新一代数字技术虽然在表现形式上日益数字化、服务化，但却比互联网时代更加依赖制造业基础，随着数字技术进入人工智能、云计算和云存储时代，对专用芯片、数据中心和数据传输设备的需求会进一步上升。在这一过程中，上海要平

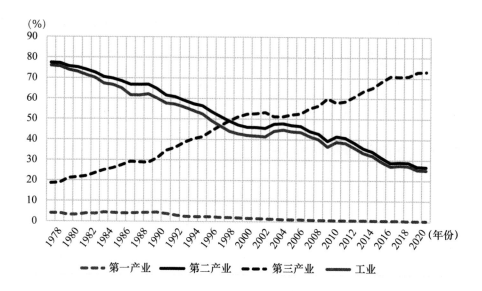

图 4.3 1978—2020 年上海三大产业比重

资料来源：2021 年上海经济年鉴。

衡数字经济发展中生活性服务业和智能制造业的发展比例，支持有助于制造业价值增值的现代生产性服务业的发展，在保持制造业比重基本稳定的同时，不断提升产业链和供应链的安全性与稳定性，不断提升中国制造业的结构与质量。

二 建设具有全球影响力的创业型城市

2021 年上海市连续发布《上海市建设具有全球影响力的科技创新中心"十四五"规划》以及《关于加快推动基础研究高质量发展的若干意见》，确立了集成电路、生物医药和人工智能三大重点领域，和新材料、新型基础设施、基础软件、智能网联汽车与新能源汽车、智能制造与机器人、航空航天、能源装备和海洋科技与工程装备八大重点产业，对基础研究和基础前沿重大战略项目进行了布局。这些布局具有前瞻性，为上海实现进一步技术突破指明了方向。接下来基于对创新过程特征的分析，本文提出建设具有全球影响力的创业型城市，是上海构建科技创新中心的关键所在。

创新过程本质上具有不确定性、集体性和累积性。首先，不同主体在创新过程中投入精力和金钱时，创新未来可能获得的回报是不确定的，这意味着参与创新的主体在这一过程都要承担风险；其次，创新需要政府、企业家、劳动者和银行的集体参与。由于创新具有的回报不确定性和高额投资，政府往往要在其中承担企业家、劳动者和银行不愿意承担的风险，具有多种职能专长和等级职责的劳动者为创新过程贡献了时间和精力。但创新的集体性使得对不同主体的贡献衡量变得困难；最后，创新具有累积性。创新的成功依赖长时间积累的技术知识，这意味着从投资创新到产生回报之间存在长时期空白，这一时期的投资通常被称为耐心投资。累积性意味着创新过程高度依赖金融资源的获取，这强化了控制着创新过程所需金融资源的群体的权力，削弱了国家和劳动者分享创新收益的能力。[①]

上海应该优先建设创业型城市，从创新活动中获得收益，同时将收益不断用于支持创新和知识经济投资。鉴于国家在组织基础研究、投资新技术的开发、物质性基础设施和培养高受教育水平劳动力方面

---

① Lazonick, William, and Mariana Mazzucato, "The risk-reward nexus in the innovation-inequality relationship: who takes the risks? Who gets the rewards?" *Industrial and Corporate Change*, 22.4, 2013, pp. 1093 – 1128.

发挥的重要作用,利用这些资源成功创新的公司,应该将一定比例的收益返还给国家。尤其是在投资通用类技术的情况中,政府可以设置专利和版权从风险投资产生的回报中获得一定比例,进而将从中获得的回报用于新一轮技术创新投资,而且如果当企业蜕变为拒绝开放许可的寻租者时,政府可以将其收益权转变为通用公共许可。这样,政府不仅是一个规划者、资金提供者、项目验收者,而且是作为一个创业家,全程参与和管理整个城市的创新活动。

为此,上海要基于自身特色,借助总部经济的发展推进城市创新活动。在新冠肺炎疫情蔓延全球之际,上海总部经济发展强劲。2021年1—11月,新增跨国公司地区总部56家,外资研发中心23家。截至2021年11月底,累计设立跨国公司地区总部数量827家,外资研发中心504家。总部经济有如下特征。一是在沪跨国公司地区总部主要来自发达国家,以欧洲、美国和日本企业为主,占总数的79%。二是母公司以制造业企业为主的在沪跨国公司地区总部占比71%,主要集中于生物医药、集成电路、汽车制造、智能制造等行业。服务业企业占比29%,主要集中于商贸、物流、检验检测等行业。三是区域分布以浦东新区为主,占比45%,徐汇、静安等各区错位发展之势逐步形成。① "十四五"期间,上海将把"发展更高能级的总部经济"放在外资工作的重中之重。首先,要鼓励外资设立和发展全球研发中心和开放式创新平台;其次,鼓励制造业行业的跨国企业在我国使用最新技术。

---

① 《上海已设立跨国公司地区总部数量827家,外资研发中心504家》,《解放日报》2021年12月29日。

　　总结而言，上海经济发展的放缓趋势和经济结构的演化趋势与全国整体情况相比更为显著、迅速，这一方面说明推进经济结构调整和实现共同富裕的历史任务对上海来说更为迫切，另一方面也意味着上海继续作为全国改革开放排头兵、创新发展先行者，在世界百年未有之大变局和中华民族实现伟大复兴的关键时期，面临着新的历史机遇。只有在创业型城市建设中不断增强科技创新的紧迫感和使命感，在发展方式转型中让发展成果更多更公平惠及人民，上海才能在经济转型期抓住这一历史机遇，在服务全国中发展上海，真正提升上海在全球城市体系中的影响力和竞争力。

第 二 篇

扎实推进国家治理现代化

第五章　新时代"枫桥经验"的国家治理启示

一　从中国人民实践中走出的国家治理智慧

党的十九届四中全会通过的《中共中央关于坚持和完善中国特色社会主义制度推进国家治理体系和治理能力现代化若干重大问题的决定》提出"坚持和发展新时代'枫桥经验'"①，将新时代"枫桥经验"作为国家治理体系和治理能力现代化建设的重要组成部分。可以说，新时代"枫桥经验"不但是"中国之治"在国家治理活动中的重要实践形式，更是从人民实践中总结、提炼，并不断发展而来的，彰显了中国特色社会主义制度优越性。《中共中央关于制定国民经济和社会发展第十四个五年规划和二〇三五年远景目标的建议》将"坚持和发展新时代'枫桥经验'"②作为"十四五"和2035年远景目标

---

① 《中共中央关于坚持和完善中国特色社会主义制度推进国家治理体系和治理能力现代化若干重大问题的决定》，《人民日报》2019年11月6日第1版。
② 《中共中央关于制定国民经济和社会发展第十四个五年规划和二〇三五年远景目标的建议》，《人民日报》2020年11月4日第1版。

时期，推进国家治理现代化建设的制度性安排。作为深具中国特色，蕴含中国人民首创精神的新时代"枫桥经验"，其对国家治理的启示意义，无疑是解码"中国之治"制度密码的一把"金钥匙"，也是感受中国式现代化道路制度文明建设的一扇"窗口"。

新时代"枫桥经验"的国家治理实践经验和内涵十分丰富。它是中国特色国家治理活动在基层的具体实践形式。经过实践认识、再实践再认识的过程而总结提炼出来的人民参与国家治理活动的创造性思想成果，是习近平法治思想的重要组成部分。①"枫桥经验"形成于社会主义建设时期，发展于改革开放时期，创新于中国特色社会主义新时代。50 多年前，浙江省诸暨市枫桥镇的干部群众创造了"在党的领导下，发动和依靠群众，坚持矛盾不上交，就地解决，实现捕人少，治安好"的经验，成为我国社会治安综合治理的一面旗帜。1964年 1 月，中共中央向全党发出《关于依靠群众力量，加强人民民主专政，把绝大多数四类分子改造成新人的指示》，同时转发《诸暨县枫桥区社会主义教育运动中开展对敌斗争的经验》。1964 年 2 月，第 13次全国公安会议提出在全国推广"枫桥经验"。2003 年 11 月，时任浙江省委书记的习近平同志在纪念毛泽东同志批示"枫桥经验"40 周年大会上明确提出，要牢固树立"发展是硬道理、稳定是硬任务"的政治意识，充分珍惜"枫桥经验"，大力推广"枫桥经验"，不断创新"枫桥经验"，切实维护社会稳定。2013 年 10 月，为纪念毛主席批示"枫桥经验"50 周年，习近平总书记对坚持和发展"枫桥经验"

---

① 《习近平在中央全面依法治国工作会议上强调　坚定不移走中国特色社会主义法治道路 为全面建设社会主义现代化国家提供有力法治保障》，《人民日报》2020 年 11 月 18 日第 1 版。

再次做出重要指示，强调各级党委和政府要充分认识"枫桥经验"的重大意义，发扬优良作风，适应时代要求，创新群众工作方法，善于运用法治思维和法治方式解决涉及群众切身利益的矛盾和问题，把"枫桥经验"坚持好、发展好，把党的群众路线坚持好、贯彻好。①在整个国家治理活动的构建中，新时代"枫桥经验"将"矛盾不上交、平安不出事、服务不缺位"贯穿始终，将矛盾纠纷化解在基层，将风险隐患防范在基层，体现的是国家治理能力的有效性，是国家治理制度优势向国家治理效能优势转变的可持续性，实现了经济快速发展和社会长期稳定的有机统一和互为基础，彰显了"中国之治"的制度优势与治理效能，具有重要的启示意义。

一是新时代"枫桥经验"以强化国家治理能力的有效性为突破口，着力实现经济快速发展和社会长期稳定的有机统一和互为基础。国家治理活动的一切目的和最终目的是为人民谋幸福，为中华民族谋复兴。国家治理能力的有效性是检验全部国家治理活动结果的一个重要标准。新时代"枫桥经验"在它的诞生地浙江绍兴，不断推进创新发展，以强化国家治理能力的有效性为突破口，在经济快速发展中实现社会长期稳定，社会长期稳定又为经济快速发展形成有效保障，奠定坚实基础，实现了经济治理与社会治理的有效统一。

---

① 《解读：新时代"枫桥经验"的内涵与启示》，宜宾市退役军人事务局网，2020年11月10日，http://tyjrswj.yibin.gov.cn/djzx/dfjn/202011/t20201110_1378043.html。

表5.1 "十三五"以来绍兴经济与社会发展构成

项目	内容
经济发展	2020年,实现生产总值6001亿元,年均增长6%,人均生产总值达11.6万元。规模以上工业增加值、服务业增加值年均增长6.6%和7%。固定资产投资、社会消费品零售总额年均增长8.2%和8%,出口占全国份额13.3‰
社会发展	民生:健全为民办实事长效机制,财政民生支出累计达2153.3亿元、占比77.2%
	收入:城镇和农村常住居民人均可支配收入分别达66694元和38696元,城乡居民基础养老金标准由145元/月提升至215元/月,集体经济年经营性收入15万元以下薄弱村和家庭人均年收入8000元以下困难户全面消除,城乡低保年标准由7560元提高到10200元
	教育:全国义务教育发展基本均衡县、省级教育基本现代化县实现全覆盖
	医疗:智慧医疗覆盖率达90%,健康浙江考核蝉联优秀,国家卫生城市、省级卫生乡镇全覆盖,人均预期寿命82.2岁
	平安中国与安全发展:生产安全事故起数、死亡人数、刑事案件比"十二五"时期末分别下降95.8%、90.1%和62.7%。推进扫黑除恶专项斗争,群众安全感、满意率保持在97%以上,夺得"平安金鼎"
	生态环境:AQI优良天数比例由75.7%升至90.7%,PM2.5平均浓度由56微克/立方米降至28微克/立方米,县控及以上水质断面Ⅰ-Ⅲ类比例达100%

资料来源:2020年绍兴市政府工作报告,表格为笔者自制。

"十三五"以来,绍兴经济社会发展取得了历史性变革,很多指标不但在浙江,而且在全国居于前列,发展的不平衡、不充分问题在一些领域和环节得到有效缓解,富民、惠民、安民取得明显进展。不但经济总量逐年增长,人均收入也随着经济的增长而增长,城乡居民人均可支配收入持续增加,人均预期寿命达到82.2岁。涉及人民生活品质的民生、收入、教育、医疗、平安中国、生态环境等方面发展更加均衡(详见表5.1)。

而且,自党的十八大以来,绍兴在地区生产总值(GDP)与人均GDP上保持双增长,2017年人均GDP突破10万元,即使在新冠肺炎疫情的影响下，也实现了以上两个目标的正增长（详见图5.1）。

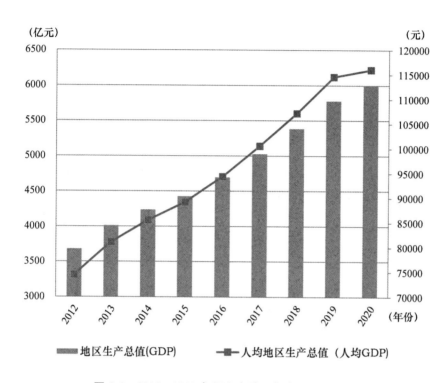

图 5.1　2012—2020 年绍兴市地区与人均生产总值

资料来源：《2020 年绍兴市统计年鉴》，2020 年数据来源于绍兴市 2021 年政府工作报告，图为笔者自制。

　　绍兴市经济社会高质量发展的特征更加明显，经济结构与社会结构优化的联动效应更加明显。而这背后具体到人民群众的现实生活层面，是舒心安心放心的经济社会发展环境，是国家治理活动中经济快速发展与社会稳定有机统一的结果。

　　二是面对不断发展变化的经济社会发展环境和人民对美好生活向往的新要求，新时代"枫桥经验"不断实现国家治理制度优势向国家治理效能优势转变，加强和创新国家治理在基层的实践路径和途径，在更高层次上实现治理效能的动态平衡。面对新发展阶段特征和要求，主要矛盾发生转移的时代背景，绍兴作为新时代"枫桥经验"的诞生地，在探索国家治理现代化在基层具体实践路径，以及进一步丰富和创新发展新时代"枫桥经验"上，也面临新的发展要求。面对人民群众对美好生活的新要求、社会结构新变化、平安中国建设新特征等新情况，在迈向高质量发展阶段，新时代"枫桥经验"需要根据变化的实际情况，进行制度性的回应，这样才能让这一中国式现代化道路上产生的中国式治理经验永葆生机与活力。在新时代"枫桥经验"加强和创新国家治理在基层的实践路径和途径中，浙江绍兴根据新的发展要求，实践出国家治理能力现代化建设新的经验，主要包括加强专业化服务能力、共建共治共享能力、和谐社会创建能力三个方面的建设，以服务于不断发展变化的经济社会发展环境和人民对美好生活向往的新要求。（详见图 5.2）

其一，坚持以人民为中心数字赋能推进基层国家治理专业化服务能力建设。顺应社会结构变化特征要求，优化基层办事流程，实现德治、法治、自治与智能治理的深度融合，提高办事效能，节约群众时间，努力减少全社会办事用时。在数字社会发展的背景下，针对人民群众对服务差异化、快捷化的要求，以及群众利益构成分散化、具体化、群众诉求多元化的情况，坚持人民有所呼，改革必有所应。2021年，绍兴进一步创新治理机制，通过数字赋能、标准赋能、体系赋能的方式，引入现代化的标准化治理体系，将"忠诚、稳定、安全、亲民、公正、幸福"6个核心指数、30个二级指数、110个三级指数，

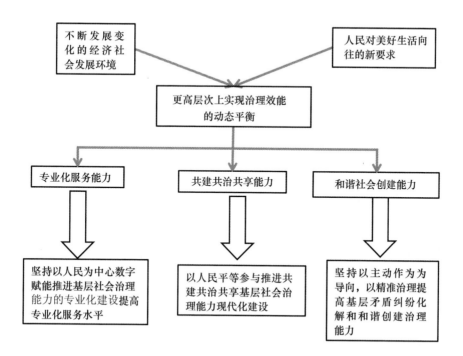

图 5.2　新时代"枫桥经验"国家治理能力现代化实践路径创新构成

项目化、清单化、责任化，形成"枫桥指数"，① 涉及基层治理的市县机关用"一个指数""一张表"统起来，把党的十九大以来，在更高水平上摸着石头过河形成的经验和做法，按照科学化、专业化的标准，形成体系化的为人民精准服务的新机制。赋能基层、赋权基层、赋资源于基层，层层倒逼。

其二，以人民平等参与推进基层国家治理共建共治共享能力建设。在我国社会主要矛盾发生转移的背景下，公平正义将在物质文化之后，成为人民更加强烈和迫切的需求，保证人民在基层治理中的平

---

① 《全省首创！"枫桥指数"数字化评估平台正式发布》，澎湃新闻，https：//www.thepaper.cn/newsDetail_ forward_ 13724201。

等参与、平等发展等权利就显得十分重要，共建共治共享是治理重要的制度创新。① 共建共治共享的治理制度是基层国家治理体系的基本骨架，而要让这个骨架能够运转起来，运转得顺畅，除了政府主动作为，把机制建在百姓身边，还要充分发挥群众的"主人翁"作用，满足人民社会发展参与的要求，在人人有责、人人尽责、人人享有中构建基层治理的共同体。截止到 2020 年，绍兴市社会组织共计 5480 家，备案的社区社会组织近 1.9 万家，涵盖各个领域。② 2021 年，绍兴每万人拥有登记和备案社会组织达到 40 个。③ 以上数字在一定程度上表明，在经济发达、生活普遍富裕地区，人民平等参与意愿更加强烈。

强化基层治理队伍建设，不但有利于补上基层治理存在的短板，而且可以更好地发挥群众参与的主动性，将是基层治理创新的重点任务之一。④ 在"枫桥经验"的诞生地枫桥镇，不但设立了浙江全省首家镇级社会组织党校，而且社会组织蓬勃发展，"现有各类社会组织280 家，其中镇级 54 家、村级 226 家，类别涉及平安建设、乡风文明、文化科技等。志愿者参与人数达 2.3 万人，全镇平均每 3 人中就有 1 人参加社会组织"⑤。社会组织在绍兴坚持和发展新时代"枫桥经验"，调动人民平等参与社会事务和公共事务的意愿，发挥了重要

① 龚维斌：《新时代中国社会治理新趋势》，《中国特色社会主义研究》2018 年第 2 期。

② 《绍兴市培育发展高质量社会组织参与社会治理》，http://mzt.zj.gov.cn/art/2020/11/27/art_1632804_58923744.html。

③ 诸丹萍：《多项兜底民生保障政策将升级》，《绍兴日报》2021 年 3 月 3 日。

④ 龚维斌：《加强基层社会治理队伍建设》，《马克思主义与现实》2020 年第 6 期。

⑤ 李伯俭：《党建引领！全省首家镇级社会组织党校在枫桥成立》，https://zj.zjol.com.cn/news/1437026.html。

的作用，做出了积极贡献。例如，绍兴发挥社会组织资源链接的优势，带动更多社会力量参与脱贫攻坚。2020年，绍兴"共计有社会组织参与扶贫项目20个，其中8个为'三区三州'等深度贫困地区项目数，通过链接社会资源撬动资金2074.42万元，受益贫困人口数23.895万人"①。参与治理的社会组织从镇覆盖到村，治理志愿者广泛参与，共建共治共享的格局在百姓身边成型。

绍兴除了有建在百姓身边的调解组织，并整合各方力量，形成各方参与的态势之外，还充分调动群众参与热情和社会组织积极作用，形成政府治理同社会调节、居民自治良性互动的局面。群众参与是基层国家治理创新的源头活水，也是全过程人民民主的生动体现。

其三，坚持以主动作为为导向推进基层国家治理和谐社会创建能力建设。在绍兴，建在百姓身边的各类调解组织，不但触手可及，而且逐步形成矛盾调解体系化，分门别类、分类调解，把小调解做成了促进社会发展、人民幸福的大抓手。目前，绍兴全市共建立律师驻所调解室57个、人民调解员驻所93个、乡贤调解组织153个，义警2.5万名。② 基层矛盾调解体系的建立，为基层社会的矛盾和纠纷的化解提供了一个"出口"，成为有效释放社会压力、促进社会修复的重要手段，有力促进"民转刑"案件减少，从源头上防止矛盾演化为各类案（事）件，破坏社会和谐稳定。精细化的基层治理，就是多做一点，先行一步，主动作为，让百姓有看得见、摸得着、体验得到的

---

① 《绍兴市培育发展高质量社会组织参与社会治理》，浙江省民政厅网，http：//mzt.zj.gov.cn/art/2020/11/27/art_ 1632804_ 58923744.html，2020年11月27日。

② 马剑、杨壹：《浙江绍兴：全市2.5万余名义警助力平安联创》，https：//m.gmw.cn/2020-11/23/content_ 1301829504.htm。

品质治理和服务。

党的十九大以来，根据时代发展的要求和人民对基层治理现代化的期待，以城乡基层政权与居民、村民自治组织为依托，绍兴将调解组织建在百姓身边，分门别类调解组织的设立，让百姓的事，有了管事儿的人，管事儿的地。人民调解员、基层民警、心理咨询师、乡贤、律师、和事佬等不同角色调解人员的构成，让百姓有了想说的人，能说的人。党的十九大以来，深入推进国家治理体系与治理能力现代化，加强基层治理创新，基层治理能力的提高最具有价值的意义在于，促进了活力与秩序的有机统一，起到了社会修复、社会减压的作用，让人民可以把更多的精力投入到追求人生梦想，促进经济社会发展的事业中，减少了社会发展的负能量，增进了社会成员之间的和气、真情，优化了社会氛围。

当前，我国社会结构正在发生深刻变化，人们的社会观念、社会心理、社会行为也发生深刻变化，基层社区、村落日渐成为人民生活、公共服务、国家治理、人际交往的载体，形成一个局域性的运行生态。社会结构的宏观变化在社区和村落的微观治理中，均能得到具体的体现。因此，基层国家治理现代化能力建设不但是经济基础向高质量发展转变的客观要求，也是实现共同富裕，满足人民对美好生活需要的必然要求。时代的发展、人民的期待，使得基层治理将长期面对基层社会处于加速转型期的现实，而现代社会的变革，在社会基层激发活力的同时，因利益主体与诉求不同，也会引发一些矛盾纠纷与冲突，这也构成了基层治理的现实困境。① 因此，这就需要在基层治理能力建设中，发挥政府与多元主体的作用，协调利益关系，处理社会问题，化解社会矛盾，防范社会风险，维护社会的和谐与稳定。②

可见，专业化服务能力、共建共治共享能力、和谐社会创建能力将成为新发展阶段国家治理现代化在基层体现的重要方面，这不但是新发展阶段高质量发展的客观要求，也是人民生活品质改善，高品质生活塑造的必然要求。总体来看，从推进国家治理体系与治理能力现代化到布局新发展阶段扎实推进共同富裕，"十四五"及 2035 年远景目标发展时期，国家治理现代化对于促进社会和谐和睦，充分彰显中国特色社会主义制度优越性，具有重要意义。因此，在基层国家治理实践中，要更加注重治理能力建设，通过治理能力建设不断提高现代化发展水平，坚持和发展好新时代"枫桥经验"这一中国独创的基层治理经验和模式，在新发展阶段有着更加积极的中国式现代化道路建设意义和示范意义。

二　新时代"枫桥经验"的国家治理的启示

经济基础决定上层建筑，从全面建成小康社会到全面建设社会主义现代化国家，我国进入新的发展阶段，新发展阶段高质量发展的要求和特征也更加明显。"我国已进入高质量发展阶段，社会主要矛盾

---

① 李国江：《新时代基层社会治理困境及破解路径》，《东北农业大学学报》（社会科学版）2020 年第 3 期。

② 龚维斌：《多维视角下的社会治理及其现代化》，《行政管理改革》2020 年第 10 期。

已经转化为人民日益增长的美好生活需要和不平衡不充分的发展之间的矛盾，人均国内生产总值达到 1 万美元，城镇化率超过 60％，中等收入群体超过 4 亿人，人民对美好生活的要求不断提高。"① 在这样的发展背景下，与高质量发展、高品质生活对应的高水准治理能力必然体现和包含在人民日益增长的美好生活需要之中。新时代"枫桥经验"在国家治理经验上所体现的国家治理启示，实际上是"中国之治"的缩影，也是解码"中国之治"制度密码的"钥匙"。

一是始终坚持人民至上，不断根据变化的经济社会发展环境，加强和创新国家治理活动在基层实践的具体路径，不断增强满足人民对治理新要求、新期待的能力，不断优化治理结构，提高治理效能。"党的根基在人民、血脉在人民、力量在人民，人民是党执政兴国的最大底气。"② 国家治理活动的根本是为了人民。当前"我国社会结构正在发生深刻变化，互联网深刻改变人类交往方式，社会观念、社会心理、社会行为发生深刻变化"③。而且，社会主要矛盾已经转化为人民日益增长的美好生活需要和不平衡不充分的发展之间的矛盾。社会结构的深刻变化即是经济结构变化的直接反映，我国社会结构随着经济结构的转型发生深刻变化，并具体反映到居民日常工作、生活、学习的微观领域。这对我国治理现代化提出了新的时代要求。新时代"枫桥经验"实践所启示的"中国之治"的制度密码之一，便是始终坚持人民至上，把为了人民作为整个治理活动的根本出发点和落脚

---

① 习近平：《在经济社会领域专家座谈会上的讲话》，《人民日报》2020 年 8 月 25 日第 2 版。
② 《中共中央关于党的百年奋斗重大成就和历史经验的决议》，《人民日报》2021 年 11 月 17 日第 1 版。
③ 习近平：《在经济社会领域专家座谈会上的讲话》，《人民日报》2020 年 8 月 25 日第 2 版。

点,并根据不同发展阶段的特征,力求在更高水平上实现治理的动态平衡,满足人民对治理能力的新要求,特别是对专业化治理能力的要求。新发展阶段,"要进一步提高发展的质量,实现高质量发展、高品质生活、高效能治理的有机统一,不断在提高社会建设水平,改善人民生活品质方面取得新进展"。①

二是始终践行全过程人民民主,坚持以国家治理在基层的能力建设为主轴,不断加强国家治理基层实践创新,发挥人民主人翁地位,增强国家治理服务人民的能力。在全面建成小康社会,人民生活水平普遍富裕的基础上,人民群众在满足生存、生活需求后,人生需求迈向更高层次,不少人希望通过回馈社会、奉献社会实现自己的人生价值,社会组织快速发展,越来越多的人民参与到基层国家治理活动中,参与管理自身事务,践行全过程人民民主。在疫情防控、社会公益、救急救难、生态环保、扶贫攻坚等领域日益发挥专业性、主动性作用,成为有为政府与有效市场之间重要的社会支持力量,成为居民人人有责、人人尽责参与治理共同体建设的重要途径。党的十九大报告在规划到21世纪中叶两阶段发展战略时,在第一阶段2020年到2035年发展目标中明确提出到2035年:"人民平等参与、平等发展权利得到充分保障,法治国家、法治政府、法治社会基本建成,各方面制度更加完善,国家治理体系和治理能力现代化基本实现。"② 可以说,新时代"枫桥经验"实践所启示的"中国之治"的另一重要

---

① 马峰:《百年奋斗始终坚持人民至上》,《浙江日报》2021年12月20日。
② 习近平:《决胜全面建成小康社会 夺取新时代中国特色社会主义伟大胜利——在中国共产党第十九次全国代表大会上的报告》,《人民日报》2017年10月28日第1版。

的制度密码便是不断加强国家治理基层实践创新，发挥人民主人翁地位，增强国家治理服务人民的能力，践行全过程人民民主。全面建设社会主义现代化国家时期，这一制度密码在发展过程中，将不断满足人民平等参与意愿，实现国家发展秩序与活力的有机统一。

三是国家治理活动以促进经济快速发展与社会长期稳定为出发点，为不断续写社会长期稳定奇迹提供治理保障，实现国家现代化发展秩序与活力的统一。新时代"枫桥经验"实践所启示的"中国之治"的密码是我们的国家制度建构为实现经济快速发展与社会长期稳定，提供了根本性的机制性保障，创造了经济快速发展与社会长期稳定两大奇迹，实现了国家发展秩序与活力的有机统一，是影响世界的中国方案。"一个现代化的社会，应该既充满活力又拥有良好秩序，呈现出活力和秩序有机统一。"① 这不但是现代社会的图景，也是对现代社会治理体系与能力现代化的要求。呈现活力与秩序有机统一的现代社会，必然要求形成与之对应的现代化治理能力，一方面促进和保障现代社会的活力，另一方面维护和实现现代社会的秩序。新发展阶段，在基本实现现代化的进程中，人民对治理能力提出更高要求。

在全面建成小康社会的同时，"我国发展不平衡不充分问题仍然突出，重点领域关键环节改革任务仍然艰巨，创新能力不适应高质量发展要求，农业基础还不稳固，城乡区域发展和收入分配差距较大，生态环保任重道远，民生保障存在短板，社会治理还有弱项"②。处于

---

① 习近平：《在经济社会领域专家座谈会上的讲话》，《人民日报》2020 年 8 月 25 日第 2 版。
② 《中共中央关于制定国民经济和社会发展第十四个五年规划和二〇三五年远景目标的建议》，《人民日报》2020 年 11 月 4 日第 1 版。

社会转型期的中国，在深刻的社会变迁与变化的背后，势必会造成大面积、种类繁多的利益诉求。① 而且，"随着中国现代化进程的急速推进，社会矛盾还有加剧的可能"②。因此，新发展阶段，"中国之治"的制度优势，将为全面建设社会主义现代化国家的顺利推进提供系统性、机构性保障。实际上，"人民美好生活需要日益广泛，不仅对物质文化生活提出了更高要求，而且在民主、法治、公平、正义、安全、环境等方面的要求日益增长"③。"十四五"时期，要立足我国发展的阶段性特征，按照"十四五"规划和 2035 年远景目标发展蓝图，以改善人民生活品质为出发点和落脚点，不断提高基层治理的精准化、精细化，实现社会发展秩序与活力的有机统一。

---

① 吴忠民：《中国转型期社会问题的主要特征及治理》，《山东社会科学》2020 年第 6 期。
② 冯仕政：《中国道路与社会治理现代化》，《社会科学》2020 年第 7 期。
③ 习近平：《决胜全面建成小康社会 夺取新时代中国特色社会主义伟大胜利——在中国共产党第十九次全国代表大会上的报告》，《人民日报》2017 年 10 月 28 日第 1 版。

第六章　2035 中国式国家治理现代化图景

　　习近平总书记在庆祝中国共产党成立 100 周年大会上的讲话中指出："我们坚持和发展中国特色社会主义，推动物质文明、政治文明、精神文明、社会文明、生态文明协调发展，创造了中国式现代化道路，创造了人类文明新形态。"①中国式现代化坚持和发展中国特色社会主义，推动物质文明、政治文明、精神文明、社会文明、生态文明协调发展，"五个文明"协调发展是中国式现代化的内在文明张力，也是人类文明新形态的具体体现。中国共产党自成立以来，团结带领人民，坚持把马克思主义基本原理同中国具体实际相结合，赢得了中国革命胜利，并深刻总结国内外正反两方面经验，不断探索实践，不断改革创新，建立和完善社会主义制度，形成和发展党的领导和经济、政治、文化、社会、生态文明、军事、外事等各方面制度，加强和完善国家治理，取得历史性成就。

---

　　① 习近平：《在庆祝中国共产党成立 100 周年大会上的讲话》，《人民日报》2021 年 7 月 2 日第 2 版。

《中共中央关于坚持和完善中国特色社会主义制度　推进国家治理体系和治理能力现代化若干重大问题的决定》指出：

> 实践证明，中国特色社会主义制度和国家治理体系是以马克思主义为指导、植根中国大地、具有深厚中华文化根基、深得人民拥护的制度和治理体系，是具有强大生命力和巨大优越性的制度和治理体系，是能够持续推动拥有近十四亿人口大国进步和发展、确保拥有五千多年文明史的中华民族实现"两个一百年"奋斗目标进而实现伟大复兴的制度和治理体系。[1]

中国特色社会主义制度和国家治理体系是中国式现代化政治文明的体现载体。国家治理现代化是中国式现代化道路的重要体现内容。长期以来，我国发展一直努力实现"四个现代化"，即工业现代化、农业现代化、国防现代化、科学技术现代化。党的十八届三中全会上，习近平总书记提出第五个现代化，即"国家治理体系和治理能力现代化"的重大概念。[2] 经过长期实践和探索，中国特色社会主义制度日渐成熟和定型，推进国家治理现代化是时代发展的必然要求。可以说，"中国特色社会主义制度是党和人民在长期实践探索中形成的科学制度体系，我国国家治理一切工作和活动都依照中国特色社会主义制度展开，我国国家治理体系和治理能力是中国特色社会主义制度

---

[1] 《中共中央关于坚持和完善中国特色社会主义制度　推进国家治理体系和治理能力现代化若干重大问题的决定》，《人民日报》2019年11月6日第1版。

[2] 何星亮：《中华民族创造"中国式现代化道路"的四个保障》，《人民论坛》2021年9月（中）。

及其执行能力的集中体现"①。

中华人民共和国成立七十多年来，党领导人民创造了世所罕见的经济快速发展奇迹和社会长期稳定奇迹，社会长期稳定奇迹的出现是中国实现以"良政"与"善治"为标志的"中国之治"的生动体现。

以"良政"与"善治"为标志的"中国之治"承载了中国式政治文明。许多外国专家对此也有深刻的认识。

前波黑驻华大使科瓦切维奇认为，像中国这样的大国，需要以有效和高效的方式进行治理，治理能力必须足够强大，以应对众多的而往往极具挑战性的社会、经济挑战。而执政党中国共产党很好地扮演了这个角色。"惊涛骇浪造就水手，在领导中国实现现代化的过程中，中国共产党证明了自己是一个熟练的水手。"如果我们把社会比作人体，政府机构代表的是器官、骨骼和肌肉，而执政党所代表的则是使人体各项功能协调运转的中枢神经系统。如果没有中枢神经系统，人体的全部潜能就无法发挥出来。中国取得今天的成就，离不开执政党9500多万党员的核心力量。"我有一种强烈的感觉，中国共产党代表着世界上最强大的政治组织。中国的价值观有利于不断选拔有能力的人，他们为国家的繁荣和福祉服务并共同努力。"②

历史和实践证明，中国特色社会主义制度是推进近十四亿人口大国的人民实现进步与发展，走向复兴与繁荣的根本性制度体系，实现了马克思主义指导、植根中华大地、厚植中华文化沃土、扎根中国人

---

① 《中共中央关于坚持和完善中国特色社会主义制度 推进国家治理体系和治理能力现代化若干重大问题的决定》，《人民日报》2019 年 11 月 6 日第 1 版。
② 《中国式现代化超越西方模式——海外专家谈中国式现代化道路》，《参考消息》2022 年 3 月 10 日。

民的有机统一。为党领导人民创造世所罕见的经济快速发展奇迹和社会长期稳定奇迹奠定了坚实的基础性保障，成就了"良政""善治"的"中国之治"，形成了"中国之治"的政治文明。

在全面建成小康社会的基础上，国家发展进入新发展阶段，开启了全面建设社会主义现代化国家的新征程，我国发展的经济结构、社会结构都在发生深刻变化，主要矛盾发生转移，新发展阶段的发展特征和发展任务，给我国国家治理现代化建设提出了新的要求。新时代中国特色社会主义治理体系的完善和发展过程中，国家治理的方式方法更加注重科学，法治化、专业化、精细化发展特征更为明显。这不但与人民物质生活水平提高密切相关，而且也是人民对治理能力提出的新要求。[①] 因此，不断拓展中国式现代化道路的国家治理意蕴，不断满足人民对美好生活的向往，不断增强解决人民急难愁盼问题的治理能力，需要坚持和发展中国特色国家治理制度，推进国家治理体系与治理能力现代化，顺应我国社会结构深刻变化，社会变迁加速的客观要求。[②]

2017 年召开的党的十九大战略性地谋划了新时代"两步走"发展战略，规划从 2020 年到 2035 年，在全面建成小康社会的基础上，再奋斗十五年，基本实现社会主义现代化。从 2035 年到本世纪中叶，在基本实现现代化的基础上，再奋斗十五年，把我国建成富强民主文明和谐美丽的社会主义现代化强国。作为两阶段的重要发展目标，国

---

① 龚维斌：《新时代中国社会治理新趋势》，《中国特色社会主义研究》2018 年第 2 期。
② 李青：《社会变迁背景下中国社会治理共同体的构建理路》，《山东社会科学》2020 年第 6 期。

家治理现代化是其重要组成部分。谋划到 2035 年"人民平等参与、平等发展权利得到充分保障，法治国家、法治政府、法治社会基本建成，各方面制度更加完善，国家治理体系和治理能力现代化基本实现"，到 21 世纪中叶，"我国物质文明、政治文明、精神文明、社会文明、生态文明将全面提升，实现国家治理体系和治理能力现代化"[①]。党的十九届五中全会通过的《中共中央关于制定国民经济和社会发展第十四个五年规划和二〇三五年远景目标的建议》在擘画"十四五"时期直至 2035 年发展蓝图时，在国家治理现代化方面，进一步指出：展望二〇三五年，"基本实现国家治理体系和治理能力现代化，人民平等参与、平等发展权利得到充分保障，基本建成法治国家、法治政府、法治社会"[②]。迈向 2035 年，中国式国家治理现代化将基本实现，而且也将为广大发展中国家实现现代化，建设具有本国特色的国家治理现代化制度，提供全新的现代化制度选择和可借鉴经验。

中华人民共和国成立七十多年来，中国具有独特建构性的国家治理现代化经验的形成，为中国实现现代化奠定了坚实的制度基础，形成了对"两大奇迹"被创造的制度性机制保障。实现了人民至上、全过程人民民主的有效统一，秩序与活力的有机结合，体现了中国人民的首创精神，彰显了中国式现代化道路的国家治理意蕴。党的十八大以来，中国式现代化国家治理经验的探索，也实现了历史性的飞跃。

---

① 习近平：《决胜全面建成小康社会 夺取新时代中国特色社会主义伟大胜利——在中国共产党第十九次全国代表大会上的报告》，《人民日报》2017 年 10 月 28 日第 1 版。
② 《中共中央关于制定国民经济和社会发展第十四个五年规划和二〇三五年远景目标的建议》，《人民日报》2020 年 11 月 4 日第 1 版。

《中共中央关于党的百年奋斗重大成就和历史经验的决议》对此总结道："党的十八大以来，党不断推动全面深化改革向广度和深度进军，中国特色社会主义制度更加成熟更加定型，国家治理体系和治理能力现代化水平不断提高，党和国家事业焕发出新的生机活力。"①可以说，经过改革开放四十多年的摸索和实践，特别是党的十八大以来在治国理政新实践过程中形成的国家治理思想，实现了对中国特色国家治理的全新认识。国家治理体系和治理能力现代化的深入推进，在实践中实现了"摸着石头过河"与顶层设计融合，局部治理与全局治理融合，国内治理与全球治理融合。习近平新时代中国特色社会主义思想指导中国国家治理体系和治理能力现代化建设在新的时代背景下，实现了三个维度的融合。搭建起面向下一个三十年发展，更加成熟和定型的国家治理体系和治理能力。面向新时代发展的历史阶段，建设更高水平的现代化治理体系，形成中国国家治理标准化体系和中国国家治理价值体系，必然会实现中国治理在文化自信基础上的复兴。②

中国式现代化国家治理经验是人民自由发展与国家安定发展的有机统一。充分发挥人民的首创精神，把人民放到整个治理活动的核心地位，将人民至上的理念作为推进新时代国家治理实践的根本价值遵循，满足人民对高效治理的要求，满足人民参与自身事务管理的需求，让人民参与到自身发展与国家安定发展的整个过程中来，结成了

---

① 《中共中央关于党的百年奋斗重大成就和历史经验的决议》，《人民日报》2021 年 11 月 17 日第 1 版。

② 马峰：《新时代国家治理的思想意蕴分析》，《治理研究》2019 年第 1 期。

真正有机合作的治理共同体。马克思认为"只有在共同体中，个人才能获得全面发展其才能的手段，也就是说，只有在共同体中才可能有个人自由"①。中国式现代化道路在国家治理现代化过程中，通过在基层的具体实践形式，在基层国家治理的共同体中实现了人的全面发展与社会全面进步的有机结合，个人在共同体中实现了真正的自由，共同促进国家这个大家的共同体更加安定的发展，进而实现全体人民的自由发展。反之，西方现代化道路无论是在基层治理中，还是在国家治理层面，是无法实现两者有机集合的，建立在个人主义之上的自由，不是真正的自由，也不可能从根本上实现国家的长治久安，持续的动荡和持续的社会斗争就是西方社会真实的写照。事实上，建立在极端个人自由价值基础之上的西式现代化道路所推行的国家治理活动，它必然是漠视别人的自由、牺牲别人的自由，甚至是漠视本国人民的生命。这在疫情大流行中已经得到证明。

中国式现代化国家治理的最终目的性是人民与服务人民的有机统一。西方国家的政党在竞选时无不宣称是为了人民，但是真正当选之后是为了资本。表面的国家治理目的是人民，而最终实践层面和表面一样，都是以资本为中心。中国式现代化道路的国家治理意蕴彰显人民价值，国家治理的最终目的性与实践性统一于为了人民与服务人民之中，出发点是为了人民，落脚点是服务人民。毛泽东同志曾经指出："我们的责任，是向人民负责。每句话，每个行动，每项政策，都要适合人民的利益。"② 习近平总书记指出："江山就是人民、人民

---

① 《马克思恩格斯文集（第 1 卷）》，人民出版社 2009 年版，第 571 页。
② 《毛泽东选集》（第 4 卷），人民出版社 1991 年版，第 128 页。

就是江山，打江山、守江山，守的是人民的心。中国共产党根基在人民、血脉在人民、力量在人民。中国共产党始终代表最广大人民根本利益，与人民休戚与共、生死相依，没有任何自己特殊的利益，从来不代表任何利益集团、任何权势团体、任何特权阶层的利益。"① 党的十八大以来，我们能够取得历史性成就，发生历史性变革，在国家治理中，根本一点就是坚持以人民为中心，从全心全意为人民服务的根本宗旨，到坚持以人民为中心的发展思想，贯穿始终的是为人民谋幸福、为民族谋复兴的初心和使命。以人民为中心，这是中国式现代化道路与以资本为中心的西方现代化道路在国家治理活动中最本质的区别。

中国式现代化国家治理经验是不断创新发展与满足人民需要之间的有机统一。西方现代化道路之下的治理，最终成为社会利益固化的工具，从国家制度层面到基层社区层面，形成一个不平等的网络。中国式国家治理，以满足人民需要推进治理变革，创新是为了满足人民需要而来。新发展阶段，以改善人民生活品质为出发点和落脚点，提高基层治理的精准化、精细化，不断破除利益固化的藩篱，让社会在安定的秩序之中，为社会成员充满活力的发展，提供有力的治理制度支撑。面对日益复杂的社会发展局面和利益主体、诉求多元化的特征，坚持创新，不断增强国家治理的生命力，满足人民在专业化服务、共建共治共享、和谐社会创建上的更高要求，做到富民惠民安民相统一，人民群众舒心安心放心相协调，以基层治理能力的现代化促

---

① 习近平：《在庆祝中国共产党成立 100 周年大会上的讲话》，《人民日报》2021 年 7 月 2 日第 2 版。

进人民生活品质的改善，实现经济快速发展与社会长期稳定的有机结合。

中国式现代化道路的国家治理意蕴，不仅是具体工作实践的抓手，也是制度文明的建构，是从实践中来的，也是实践中检验的中国式国家治理现代化成功经验。中国现代化道路的国家治理与西方治理有着本质不同。"中国之治"的制度密码是立体的，但是根本一条，还是在于党的百年奋斗始终坚持人民至上。新的征程上，"我们必须紧紧依靠人民创造历史，坚持全心全意为人民服务的根本宗旨，站稳人民立场，贯彻党的群众路线，尊重人民首创精神，践行以人民为中心的发展思想，发展全过程人民民主，维护社会公平正义，着力解决发展不平衡不充分问题和人民群众急难愁盼问题，推动人的全面发展、全体人民共同富裕取得更为明显的实质性进展！"[1]

---

① 习近平：《在庆祝中国共产党成立100周年大会上的讲话》，《人民日报》2021年7月2日第2版。

第七章 浦东：扎实推进社会主义现代化引领区国家治理现代化建设

　　浦东承担着打造社会主义现代化建设引领区的重要责任。《中共中央 国务院关于支持浦东新区高水平改革开放打造社会主义现代化建设引领区的意见》给浦东打造社会主义现代化引领区以很高的定位和要求，浦东要"努力成为更高水平改革开放的开路先锋、全面建设社会主义现代化国家的排头兵、彰显'四个自信'的实践范例，更好向世界展示中国理念、中国精神、中国道路"①。浦东战略定位的一个重要方面是"打造全面建设社会主义现代化国家窗口"②。可见，浦东的现代化建设承载着探路和打造全面建设社会主义现代化国家窗口的重任，也是中国式现代化道路的探索之地。在这个过程中，治理现代化是其中的重要一环。《中共中央 国务院关于支持浦东新区高水平改革开放打造社会主义现代化建设引领区的意见》指出浦东要成为

---

　　① 《中共中央 国务院关于支持浦东新区高水平改革开放打造社会主义现代化建设引领区的意见》，新华网，http：//www. xinhuanet. com/politics/zywj/2021 – 07/15/c_ 1127659292. htm。

　　② 《中共中央 国务院关于支持浦东新区高水平改革开放打造社会主义现代化建设引领区的意见》，新华网，http：//www. xinhuanet. com/politics/zywj/2021 – 07/15/c_ 1127659292. htm。

"现代城市治理的示范样板。构建系统完备、科学规范、运行有效的城市治理体系，提升治理科学化、精细化、智能化水平，提高应对重大突发事件能力，完善民生发展格局，延续城市特色文化，打造宜居宜业的城市治理样板"①。此外，习近平总书记对于浦东现代化的建设与发展，特别是在提升治理现代化水平方面，给出了明确的指示。

习近平总书记在《在浦东开发开放 30 周年庆祝大会上的讲话》中指出：

提高城市治理现代化水平，开创人民城市建设新局面。人民城市人民建、人民城市为人民。城市是人集中生活的地方，城市建设必须把让人民宜居安居放在首位，把最好的资源留给人民。要坚持广大人民群众在城市建设和发展中的主体地位，探索具有中国特色、体现时代特征、彰显我国社会主义制度优势的超大城市发展之路。要提高城市治理水平，推动治理手段、治理模式、治理理念创新，加快建设智慧城市，率先构建经济治理、社会治理、城市治理统筹推进和有机衔接的治理体系。推进城市治理，根本目的是提升人民群众获得感、幸福感、安全感。要着力解决人民群众最关心最直接最现实的利益问题，不断提高公共服务均衡化、优质化水平。②

---

① 《中共中央 国务院关于支持浦东新区高水平改革开放打造社会主义现代化建设引领区的意见》，新华网，http://www.xinhuanet.com/politics/zywj/2021 – 07/15/c_ 1127659292. htm。
② 习近平：《在浦东开发开放 30 周年庆祝大会上的讲话》，《人民日报》2020 年 11 月 13 日第 2 版。

　　可见，在全面建设社会主义现代化国家的进程中，实现迈向2035年的发展目标，浦东新区要从提高城市治理现代化水平入手，不断开创人民城市建设新局面，提升人民群众获得感、幸福感、安全感，着力解决人民群众最关心最直接最现实的利益问题，不断提高公共服务均衡化、优质化水平，率先构建经济治理、社会治理、城市治理统筹推进和有机衔接的治理体系，探索具有中国特色、体现时代特征、彰显我国社会主义制度优势的超大城市发展之路。坚持以人民为中心提高城市治理现代化水平。

　　立足新发展阶段发展特征，不断提高城市治理满足人民美好生活向往需求的能力。今天，我们比历史上任何时期都更接近、更有信心和能力实现中华民族伟大复兴的目标。党的十八以来，伴随着我国经济实力、科技实力、综合国力跃上新的大台阶，我国城市建设与发展也迈上了大台阶，并成为人民幸福承载的平台。我国进入新发展阶段，中国特色的城市化建设与治理同样进入新发展阶段。新发展阶段的发展特征、发展目标，要求我国城市建设必须体现人民发展的本质属性，必须体现民族复兴的时代召唤，必须体现高质量的发展要求，必须体现治理现代化的时代要求。要提高城市治理水平，推动治理手段、治理模式、治理理念创新，加快建设智慧城市，率先构建经济治理、社会治理、城市治理统筹推进和有机衔接的治理体系，以城市治理水平的提高，创造人民高品质生活，实现高质量发展、高品质生活与高效能治理的有机统一，为促进人的全面发展和社会全面进步做出贡献。

　　坚持以人民至上理念统领城市治理现代化体系建设。人民至上是作出正确抉择的根本前提，只要心里始终装着人民，始终把人民利益放在最高位置，就一定能够作出正确决策，确定最优路径，并依靠人民战胜一切艰难险阻。我国城市建设、发展、治理的本质属性即人民属性。新发展阶段推进城市现代化建设，无论是从城市规划、建设布局的大项目，还是从社区发展与治理的细微处，都必须全面贯彻人民至上的理念，并以此统领城市现代化建设的全过程、各领域。城市现代化建设不能再走贪大求全粗放型、体量型发展的老路，而要坚持人民至上，从人的全面发展和社会全面进步出发，在习近平生态文明思想和总体国家安全观指导下推进新发展阶段城市发展规划与建设，打造宜居、韧性、智能城市，建设有温度、温情、温馨的人民城市，建立高质量的城市生态系统和安全系统。

坚持以新发展理念推进城市治理现代化能力建设，完善新时代城市化发展战略。坚定不移地贯彻创新、协调、绿色、开放、共享的新发展理念，建设创新、协调、绿色、开放、共享的人民城市。把创新放到城市治理更加突出的位置。重点加强治理制度创新，打造创新惠及人民的现代化发展范例。全面做好协调发展。努力实现更加全面、更有效率的发展，破除发展中的不平衡、不充分问题，围绕微观治理、小微事务健全基层矛盾纠纷调节机制，围绕经济社会发展短板、弱项，健全长效解决机制。坚定不移地推进绿色发展。围绕碳中和、碳达峰推进城市绿色建设，不但要让人民有"绿色"感受和环境的绿色改善，而且要形成绿色发展的经济体系、社会体系、治理体系，让人民在绿色发展中感受环境美丽的同时，得到实实在在的发展实惠。以更大气魄推进开放发展。当前我国正在加快构建以国内大循环为主体，国内国际双循环的新发展格局，要将城市打造成国内大循环的高地、双循环的耦合地、国际循环的端口。以开放服务人民满足美好生活的需求，以开放形成新一轮发展的中国机遇，带动中国整体的服务业、制造业向中高端位移，为人民创造更多的就业机会、富裕机会、发展机会。实质性地促进共享发展。一方面，要在全体人民共同富裕方面，取得更为明显的实质性进展，建设共同富裕的人民城市。让改革发展成果更多惠及人民，探索、完善人民共同富裕机制，不断扩大中等收入群体，促进社会结构，特别是财富与收入结构更加优化，调动社会成员更加积极地投入到人民城市建设中；另一方面，不断促进共享发展，健全共享发展机制，将城市建设成机遇之城、机会之城，加大力度促进社会流动，增强向上流动的动力，塑造形成使人人辛勤劳动皆可获得成功的环境与氛围，促进人的全面发展。

坚持以安全发展检验城市治理现代化水平，统筹安全与发展。坚持底线思维，建立完善与更大力度改革开放相匹配的风险防控体系，做到防风险与促发展同步部署、同步推进、同步落实，守住不发生系统性风险底线。要把全生命周期管理理念贯穿城市规划、建设、管理全过程各环节，把健全公共卫生应急管理体系作为提升治理能力的重要一环，着力完善重大疫情防控体制机制，毫不放松抓好常态化疫情防控，全方位全周期保障人民健康。在深入推进城市治理现代化进程中，必须坚持人民安全观和总体安全观，统筹粮食、经济、社会等各方面安全工作，把工作做实做细，不留"死角"。生命安全是根本前提和基础，保住了生命安全，就保住了希望和一个个家庭。坚持以安全发展检验城市治理现代化水平，统筹安全与发展。坚持把人民生命安全和身体健康放在第一位，不拿人民生命安全试错，把人民至上、生命至上原则落实到每一项具体工作中，给人民以安全感，进一步维护好、保障好人民的生命安全，守住人民生命安全的底线，在此基础上统筹做好疫情防控、防汛救灾、经济社会发展等各方面工作。

第 三 篇

数字经济发展
与现代化经济体系建设

第八章 数字经济成为构建现代化经济体系的重要引擎

一 什么是数字经济

1. 数字经济概念的提出和发展

数字经济概念的提出与现代信息通信技术的发展与商业化密切相关，从 20 世纪 90 年代开始，以计算机和互联网为代表的信息通信技术（ICT）开启了快速的商业化进程，对经济和社会发展产生深远影响，引发了诸多来自政界、学界和业界关于互联网如何影响商业活动和经济行为的讨论。1995 年，加拿大商业分析师 Don Tapscott 在其著作《数字经济：网络智能时代的希望和危险》中第一次提出了"数字经济"一词，此后出现了一大批关于数字经济的研究和著作。

发展至今，数字经济并没有一个确定的定义，与数字经济同期出现的还有"网络经济""知识经济""信息经济"等概念，实质上都是为了描述 ICT 技术给经济带来的影响和变革。最初，数字经济的定义与电子商务的发展密切相关，例如美国商务部关于数字经济的分析主要包含经济活动中支持信息化基础设施建设、电子化商业流程实现和电子商务交易相关内容。① 从 2008 年开始，数字经济的概念在全球迅速传播，具体内容从电子商务延伸到 ICT 技术在整个经济活动中的应用，其概念也随着 ICT 技术的发展不断延伸和扩展。

近年来，世界主要国家都认识到 ICT 技术对推动经济增长的重要作用，积极制定国家层面的数字经济发展规划和战略政策，如美国的《数字经济议程》，欧盟的《产业数字化规划》，英国的《英国数字战略》等，这些战略规划中都对数字经济的概念和内涵进行了定义。中国在 2016 年 9 月 20 日举办的 G20 峰会上第一次对数字经济给出了官方定义："数字经济是指以使用数字化的知识和信息作为关键生产要素、以现代信息网络作为重要载体、以信息通信技术的有效使用作为效率提升和经济结构优化的重要推动力的一系列经济活动。"我国对数字经济的定义强调了数字化的知识和信息作为关键生产要素的地位，以及 ICT 技术对经济数字化转型的推动作用。

2. 数字经济内涵的界定

从数字经济的内涵来看，当前主要有狭义和广义两种理解。狭义的数字经济主要指 ICT 产业本身，包括通信、互联网、IT 服务、硬件和软件等相关产业，而广义的数字经济则涵盖了 ICT 产业以及 ICT 与传统产业融合的部分，有学者和机构形象地称之为"数字产业化"和"产业数字化"。从实践层面来看，美国官方对数字经济内涵的界定倾

---

① Haltiwanger, John, and Ron S. Jarmin, "Measuring the digital economy", *Understanding the Digital Economy: Data, Tools and Research*, 2000, pp. 13–33.

向于前者，即把数字经济作为一个独立的产业部门。根据美国商务部经济分析局（BEA）的报告，[①] 美国数字经济主要涵盖数字相关的商品和服务，但由于现实原因，测算中无法涵盖"数字和非数字商品和服务和混合"部分。中国对数字经济内涵的界定，是建立在将其视为一种新型的经济组织形态之上的，因此除了包含与数字商品和服务相关的产业部门（"数字产业化"），通常也包含数字部门与非数字部门融合所产生的部分（"产业数字化"）。

"产业数字化"作为数字经济的另一个组成部分，更能体现数字经济新型经济形态的本质，是由数字技术/数字经济渗透性、替代性、协同性三大技术—经济特征所决定的。渗透性是指数字技术/ICT 能够渗透到生产、消费等各种经济活动中并带来经济运行方式的改变，它是数字技术/ICT 作为典型的通用目的技术（General Purpose Technology，GPT）最基本的技术—经济特征。替代性则是指数字产品（服务）价格长期持续快速下降，从而实现对其他非数字产品/非 ICT 资本的替代。这一特性是由数字技术发展中所遵循的摩尔定律、金帆定律、吉尔德定律等所共同决定的。协同性（Cooperativeness/Synergy）是指数字技术资本及数据要素的渗透能够增加经济活动中其他要素之间的协同性，进而提高经济运行的效率。数字技术渗透到非数字部门后，将通过"替代性"和"协同性"这两项技术—经济特征参与价值创造。

---

① Nicholson, J. R., "New Digital Economy Estimates", *Bureau of Economic Analysis*, No. 2, 2020.

二 全球数字经济蓬勃发展与中国的历史机遇

1. 全球数字经济发展态势

近年来，以大数据、云计算、物联网、人工智能为代表的新一代信息通信技术（ICT）发展迅猛，给全球经济和社会发展带来了颠覆性的影响与变革。随着 ICT 技术在经济社会各领域的深入渗透，数字经济在全球范围内蓬勃发展，规模日益壮大。世界银行的一项研究显示，2020 年数字经济规模相当于全球 GDP 的 15.5%，在过去 15 年里，其增长速度是全球 GDP 的 2.5 倍。[①] 数字经济的发展趋势也可以从其他数据中得到印证。国际电信联盟（ITU）公布的数据显示，截止到 2021 年 11 月，全球互联网用户达到 49 亿人，大约占全球总人口的 63%，2019 年以来上升了近 17%，增速极其惊人。[②] 2020 年以来，新冠肺炎疫情在全球的传播进一步加速了数字技术的渗透和数字经济规模的增长，疫情本身及防控措施带来的出行减少、社会隔离等情况促使越来越多的活动在网上进行。数据显示，2020 年全球互联网宽带使用量增加了 35%，这是 2013 年以来增长幅度最大的一年，作为对比，2019 年这一数字是 26%[③]。数字经济的发展给众多国家带来重要的发展机遇，有学者考察了移动通信技术对国家生产力的影

---

① 参见 https：//www.worldbank.org/en/topic/digitaldevelopment/overview#1 。

② International Telecommunication Union, *Measuring digital development*：*Facts and figures* 2021, 2021.

③ TeleGeography, The State of the Network：2021 Edition, TeleGeography, San Diego, CA, 2021, https：//www2.telegeography.com/hubfs/assets/Ebooks/state-of-the-network-2021.pdf.

响，利用全球固定和移动互联网速度的数据集，发现移动通信技术在提高发展中国家的国家生产力方面发挥着重要作用。[①] 另一项基于欧盟成员国和东欧国家（CEEC）的研究发现，经济的数字化和发达的人力资本最终将导致人口福利的增加。[②]

尽管全球数字经济增长迅猛，但其发展也存在显著的不平衡性。2019 年，联合国贸发会议（UNCTAD）发布了首份针对全球数字经济发展的研究报告——《2019 年数字经济报告》，重点审视了发展中国家在数字经济中创造价值和捕获价值的空间，结合全球可持续发展目标，对数字经济发展的不平衡性表示出担忧。

"数字发展将对几乎所有可持续发展目标产生影响，并将影响所有国家、部门和利益攸关方。当今世界，连通力不足的国家和高度数字化的国家之间的差距越来越大。例如，在最不发达国家，只有五分之一的人使用互联网，而在发达国家，五分之四的人使用互联网。这只是数字鸿沟的一个方面。在其他领域，如利用数字数据和前沿技术的能力，差距要大得多……数字经济的经济地理没有显示出传统的南北鸿沟。它一直由一个发达国家和一个发展中国家共同领导：美国和中国。例如，这两个国家占了区块链技术相关专利的 75%，全球物联网支出的 50%，以及全球公共云计算市场的 75% 以上。或许最引人注目的是，它们占全球 70 个最大数字平台市值的 90%。"[③]

---

①　Kim, J. , Park, J. C. , & Komarek, T. , "The impact of Mobile ICT on national productivity in developed and developing countries", *Information & Management*, 58（3），2021，103442.

②　Grigorescu, A. , Pelinescu, E. , Ion, A. E. , & Dutcas, M. F. , "Human capital in digital economy: An empirical analysis of central and eastern European countries from the European Union", *Sustainability*, 13（4），2020.

③　联合国贸易和发展会议（UNCTAD），《2019 年数字经济报告》，2019 年。

联合国贸发会议 2021 年发布的《2021 年数字经济报告》进一步从数据跨境流动的角度阐释了全球数字经济发展的不平衡性。除了在互联网连接、接入和使用方面的传统数字鸿沟，围绕"数据价值链"的新数字鸿沟已经产生。[①] 联合国贸发会议的研究显示，美国和中国的数据中心占世界超大规模数据中心的一半，这两个国家拥有的超大数字平台已经成为全球性的数字公司，在全球范围内拥有巨大的金融、市场和技术力量，对数据资源的控制和价值挖掘能力为他们带来了巨大的经济效益。在这种发展格局下，发展中国家往往处于从属地位，数据及其相关价值的获取集中在少数全球数字公司和其他控制数据的跨国企业中，随着数据驱动作用的日益凸显，与数据相关的鸿沟将不断加剧全球数字经济发展的鸿沟。

数字经济发展的不平衡性也成为学术领域关注的热点之一。有学者总结和梳理了人工智能和大数据时代的数字化不平衡问题（Digital Inequalities），从数字技术获取的不平衡性、数字技能使用的不平衡性等方面进行了深入分析，并对这种不平衡性带来的影响和后果（有益的和有害的）展开讨论。[②] 其中特别提到数字技术发展的不平衡对劳动力市场的影响，这种不平衡性可能对低技能劳动力和弱势群体带来更大的负面影响，加剧收入不平等和贫富差距。对于数字连通力较低的发展中国家来说，数字鸿沟带来的挑战非常严峻。一方面，这些国家在数字经济发展浪潮中处于劣势地位，难以投入巨资发展新一代信

---

① UNCTAD, Digital Economy Report 2021, 2021, https：//unctad. org/webflyer/digital-econo-my-report-2021.

② Lutz, C. , "Digital inequalities in the age of artificial intelligence and big data", *Human Behavior and Emerging Technologies*, 1 (2), pp. 141 – 148.

息通信技术，在技术创新和应用领域和高度数字化国家的差距越来越大，难以享受数字经济所带来的经济增长红利；另一方面，如果中低技能工人的工作能够被机器所取代且机器的成本更低，一大批在发展中国家寻求低价劳动力的企业将会放弃在这些国家的劳动力投资，转而就近使用机器，这将对发展中国家的就业产生极大的冲击。

2. 中国迎来数字经济发展的重要机遇期

从国际上来看，2012 年前后，以（移动）互联网、大数据、云计算、人工智能为代表的新一代信息技术正加速推进全球新一轮科技革命和产业变革，这给处于经济转型期的中国带来了技术赶超上的挑战和机遇。中国作为一个发展中国家，近年来数字经济发展迅猛，虽然在基础技术创新上和美国、德国等发达国家相比仍存在一些差距，但是技术应用市场非常活跃，新一代信息通信技术与传统产业的深度融合释放出巨大能量，成为引领经济发展的强劲动力。中国在创新发展和数字经济领域的成就，从某种意义上正在改变以美国、欧盟、日本等西方经济体占绝对主导地位的国际科技竞争格局。

习近平总书记在 2018 年 5 月 28 日两院院士大会上指出："我们迎来了世界新一轮科技革命和产业变革同我国转变发展方式的历史性交汇期，既面临着千载难逢的历史机遇，又面临着差距拉大的严峻挑战。"把握好全球新一轮科技革命和数字经济发展机遇，对于实现"两个一百年"奋斗目标和"中华民族伟大复兴的中国梦"至关重要。从产业发展来看，我国在没有完成工业化、城镇化和农业现代化时就迎来了信息化，"四化同步"是我国数字经济发展的独特背景。

抓住新一轮科技革命和产业变革的发展机遇，使我国有可能用二三十年走完西方发达国家两三百年走完的工业化、城镇化和农业现代化历程，在 2035 年基本实现新型工业化、信息化、城镇化、农业现代化，建成现代化经济体系。

三　数字经济引领中国经济增长新时代

1. 数字经济价值创造机制

对数字经济构成的分析，需要在理解数字经济内涵的基础上合理界定其范围边界。本研究从技术—经济特征出发，分析数字技术/ICT 在价值创造中的作用机制，有助于厘清数字经济对应的增加值范围边界，确定数字经济的构成。

生产数字技术产品或提供数字技术服务的数字部门，其产品和服务是数字技术/ICT 在经济社会运行中发挥作用的中介和载体，数字部门生产产品或提供服务过程中所创造的价值是数字经济增加值的重要组成部分。数字部门既包括"电子元器件""计算机制造""通信设备制造""软件和信息技术服务业"等传统信息通信技术产业，也涵盖"数字媒体/数字出版""电子商务"等新兴产业，其范围边界比较清晰，整体对应于"数字产业化"。其中，前者大致对应于国家统计局《数字经济及其核心产业统计分类（2021）》中的 01、02 和 03，后者对应于 04；它们基本归属于《国民经济行业分类 2017》中的"计算机、通信和其他电子设备制造业""软件和信息技术服务业"及"互联网和相关服务"。

"产业数字化"作为数字经济的另一个组成部分，更能体现数字经济新型经济形态的本质。"产业数字化"实现的基础则是数字技术/ICT 作为典型的通用目的技术（General Purpose Technology，GPT）所具备的渗透性，即 ICT 能够渗透到生产、消费等各种经济活动中并带来经济运行方式的改变。[1] 数字技术/ICT 渗透到非数字部门后，将通过"替代性"和"协同性"这两项技术—经济特征参与价值创造。

ICT 资本的使用同其他非 ICT 资本一样，都能够直接贡献于产品生产或服务提供，创造价值（增加值）；例如，数字医疗影像设备，影像就是其直接生产的产品；与之类似的还有 CAD 设计、数字监测设备等。ICT 资本对增长的贡献，某种意义上是 ICT 资本对非 ICT 资本（有时也可能包括劳动力要素）替代的结果。由于硬件软件价格不断下降，而且具有稳定性、可靠性方面的优势，对其他非 ICT 资本及劳动要素的替代是顺理成章的。这部分贡献带来的增加值，可以看作是数字技术/ICT"替代效应"的贡献。

协同性出现的内在机制在于，数字技术资本在使用过程中，除了直接贡献于产品生产或服务提供外，还会有一种特殊而重要的副产品，那就是以"0""1"比特形式存在的"数据要素"；而数据要素通过企业内部平台乃至跨企业工业互联网平台的统一收集、分析和传递，可以快速提炼出有效信息并及时传递分享到生产过程的不同环节、不同主体，以及产业链上下游关联企业，从而降低不同环节、不同主体间的信息不对称，缩短资本、劳动等其他要素相互衔接所花费

---

① Timothy F. Bresnahan and Manuel Trajtenberg，"General Purpose Technologies：Engines of Growth"，*NBER Working Paper*，No. 4148，1992.

的时间，减少生产投入的冗余，提高企业生产效率以及产业链整体运行效率。企业层面和产业链整体的效率提升最终将表现为更多的价值创造，这部分增加值可以看作是数字技术/ICT"协同效应"的贡献。在新一代信息技术大规模商业化应用之前，受数据收集、网络传输、计算处理等方面技术性能的限制，协同效应更多体现在企业内部生产经营中，特别是生产环节上；而物联网、4G/5G 通信、云计算等技术的应用则将协同效应拓展到产业链上下游企业之间。而新一代信息技术带来的协同性拓展恰恰是传统制造业、服务业各种新模式、新业态得以涌现的基础。

2. 数字经济规模测算

基于上述价值创造机制，本文将数字经济的构成划分为三部分：（1）数字部门，包括各类数字技术软硬件产品生产、数字服务提供行业及新兴数字产业；（2）数字技术资本/ICT 资本在非数字部门/传统产业中发挥的替代效应；（3）数字技术资本/ICT 资本使用产生数据要素、提供有效信息所发挥的协同效应。

"数字部门增加值"的核算相对简单，将结合《国民经济行业分类 2017》和国家统计局《新产业新业态新商业模式统计分类》，选取那些直接提供 ICT 产品及服务的行业作为 ICT 产业部门，在各 ICT 产业部门增加值收集或估算基础上即可得到。"ICT 替代效应增加值"和"ICT 协同效应增加值"的测算则较为复杂。本研究按照"先增量后总量、先贡献度后规模"的思路，将增长核算与常规 GDP 核算方法相结合，构建起具有较强操作性、准确性的测算框架，具体来说可以分为两个步骤。

一是基于增长核算测算 GDP 增长贡献度。通过增长核算，能够将经济增长（GDP 增长）分解为资本要素增长、劳动要素增长和全要素生产率增长三大部分，计算各部分对 GDP 增长的贡献。其中，资本要素又可以分解为"ICT 资本"和"非 ICT 资本"，从而计算出 ICT 资本要素增长对 GDP 增长的贡献。ICT 资本要素的增长源于 ICT 产品价格持续下降而形成的 ICT 资本品对其他资本品的替代，对应的是"替代效应"；因此，这部分贡献可以看作是数字经济替代效应对 GDP 增长的贡献率。[①] 增长核算的同时也能测算出全要素生产率增长对 GDP 增长的贡献度，而全要素生产率增长有一部分是由 ICT 协同性特征而引致的效率提升所贡献的，对应的是"协同效应"。利用计量方法，可以大致测算出 TFP 增长与 ICT（或数字技术）协同效应之间的关系，从而测算出数字经济协同效应对 GDP 增长的贡献率；加上前面替代效应对 GDP 增长的贡献，就可以推算出特定时间段（可以是某个年度，或 5 年、10 年）产业数字化对 GDP 增长的贡献率。

二是选定渗透率较低的初始年份，由增长率倒推增加值规模。通过增长核算已经可以测算出特定时间段"数字经济替代效应和协同效应对 GDP 增长的贡献率"。如果这个特定时间段的起点是数字经济渗透率几乎可以忽略不计的年份，终点是我们的目标测算年份，那么该时间段的 GDP 增量乘以替代效应和协同效应贡献率，得到的就大致是目标测算年份"替代效应增加值"和"协同效应增加值"。至于起

---

① 蔡跃洲、张钧南：《信息通信技术对中国经济增长的替代效应与渗透效应》，《经济研究》2015 年第 12 期。

点年份，选择 1990—2000 年的某个年份，因为当时全球的信息互联网时代刚刚兴起，数字技术对经济社会的渗透非常有限。

（1）增长核算框架

增长核算是在索洛新古典增长模型及"索洛余值"基础上，由乔根森（Dale W. Jorgenson）、格瑞里奇斯（Zvi Griliches）、赫尔腾（Charles R. Hulten）、戴瓦特（W. E. Diewert）等引入国民收入核算、投资理论、指数理论等逐步形成的用于分解 GDP（或行业增加值）增长来源的测算方法[①]。由于乔根森和格瑞里奇斯在增长核算框架形成中发挥的关键性作用，本书将其称为"Jorgenson - Griliches 增长核算框架"。依托该增长核算框架，可以将经济增长（行业增长）归因于资本、劳动、全要素生产率（TFP）等不同因素，因此，增长核算不仅成为分析增长源泉的重要依据，更是测算 TFP 指数（或增长率）的主要方法之一。而 21 世纪以来，Jorgenson - Griliches 增长核算框架得到广泛认同，OECD 还专门发布手册以规范资本估算和增长核算的具体细节，包括对"资本存量"和"资本服务"的区分、资本生产能力的估算等。[②] Jorgenson-Griliches 增长核算框架的核心模型如下：

$$\frac{\dot{A}}{A} = \frac{\dot{Y}}{Y} - \sum_j v_j \frac{\dot{X_j}}{X_j} \qquad (1)$$

或转化为：

$$\frac{d\ln A}{dt} = \frac{d\ln Y}{dt} - \sum_j v_j \frac{d\ln X_j}{dt} \qquad (1a)$$

① Jorgenson, D. W., and Z. Griliches, "The Explanation of Productivity Change", *The Review of Economic Studies*, 34（3）, 1967, pp. 249 - 283.

② OECD, Measuring Productivity: Measurement of aggregate and industry-level productivity growth, OECD Manual, 2001; OECD, Measuring Capital (2nd edition), OECD Manual, 2009.

$$\frac{d\ln Y}{dt} = \frac{d\ln A}{dt} + \sum_j v_j \frac{d\ln X_j}{dt} \qquad (1\text{b})$$

公式（1）、（1a）、（1b）中，Y,X,A 分别代表产出（向量）、投入（向量）和全要素生产率；加上时间微分符号后的 $\dot{Y},\dot{X},\dot{A}$ 为相应变量的变化情况；而 $\frac{\dot{A}}{A},\frac{\dot{Y}}{Y},\frac{\dot{X}}{X}$ 代表各变量在一定时间内的增长率，v_j 则表示各要素投入在总价值中所占份额。

上述公式还可拓展到每一个细分行业部门 i，即：

$$\frac{\dot{A_i}}{A_i} = \frac{\dot{Y_i}}{Y_i} - \sum_j v_i^j \frac{\dot{X_i^j}}{X_i^j} \qquad (2)$$

（2）ICT 资本及其他要素投入估算

根据 OECD 手册的相关标准，参照蔡跃洲等人关于资本要素投入、劳动要素投入估算的具体做法，[1] 分行业估算 1978 年以来历年的要素投入。在具体估算过程中进行以下处理：①将资本要素拆分为"ICT 资本"和"非 ICT 资本"两大部分，在"年限—效率模式"和"退役模式"设定基础上通过永续盘存法估算分别进行"生产性资本存量"。②以劳动小时作为衡量劳动要素投入的数量单位，并充分考虑劳动者教育程度分布情况，估算劳动要素投入。③估算投入要素"用户成本"，得到各行业部门"ICT 资本服务""非 ICT 资本服务"及"劳动服务"等要素投入的价值量，据以确定增长核算中各要素对应的权重系数，即公式（1）、公式（2）中的 v_j。

---

① 蔡跃洲、张钧南：《信息通信技术对中国经济增长的替代效应与渗透效应》，《经济研究》2015 年第 12 期；蔡跃洲、付一夫：《全要素生产率增长中的技术效应与结构效应》，《经济研究》2017 年第 1 期。

（3）ICT 替代效应测算

基于增长核算估算出 1977 年以来各年各细分行业增长中 ICT 资本的贡献度。利用公开的 GDP 平减指数，将所有的增加值数据换算成某一年份的可比价格（如 2012 年）。利用各行业可比的增加值数据和 ICT 资本的增长贡献度，可推算出每个年份各行业增长所对应的增加值数额以及 ICT 资本贡献对应的增加值，见公式（3）。

$$\Delta VA_{i,t}^{ICT} = (VA_{i,t} - VA_{i,t-1})\Delta GC_{i,t}^{ICT} \qquad (3)$$

其中，VA 代表增加值（Value Added），GC 代表对增长的贡献度（Growth Contribution）；下标 i 和 t 则分别代表细分行业和时间（年份），上标则是参与贡献的要素（或因素）。

选定一个 ICT 对传统产业 i 的渗透几乎可以忽略不计的年份作为起始年份；进而将传统产业 i 在该年份增加值 $VA_{i,0}$ 中数字经济替代效应和协同效应所对应数额 $VA_{i,0}^{s}$ 和 $VA_{i,0}^{c}$ 都近似设定为 0。在 20 世纪 90 年代中期美国互联网热潮兴起之前，ICT 对于传统产业的渗透几乎可以忽略不计。1993 年之前，生产性资本存量（资本服务）中 ICT 资本占比维持在 0.2% 左右；细分行业中除"机械设备制造"和"金融保险"外，占比基本都在 0.5% 以下。[①] 因此，以 1992 年作为上述公式（3）中的起始年份，对应的 t 为 0。将收集整理的各细分行业每年的增加值（2012 年不变价）、ICT 资本增长贡献度等数据代入公式（3），可以估算出 1993 年以后每年各细分行业增长中替代效应贡献所对应的增加值。由于起始年份的增加值中数字经济成分几乎为零，因

———

① 即使在美国互联网的真正推广也是在 1993 年 11 月以后。当时，网景公司（Netscape）的前身发布马赛克浏览器，使得大众有了便捷的上网途径。

此估算出的 1993 年细分行业增长中替代效应贡献所对应的增加值就等于该年度行业增加值中 ICT 替代效应所对应的增加值。据此可以用公式（4）逐年测算 1992 年后各年各行业增加值中的 ICT 替代效应。

$$VA_{i,t}^{S} = \sum_{j=1}^{t} \Delta VA_{i,t}^{ICT}, VA_{i,0}^{S} = 0, VA_{i,1}^{S} = ?VA_{i,1}^{ICT} \tag{4}$$

将收集和估算得到的宏观及细分行业增加值、贡献度等数据代入公式（3）和公式（4），可以估算出 1993 年以来各年各细分行业中 ICT 替代效应所对应的增加值（2012 年可比价），利用 GDP 平减指数又可进一步换算成名义值（当年价）。

3. 中国数字经济增加值规模占 GDP 比重超 17%

按照上述测算思路和基本框架，本研究对 1993—2019 年间的数字经济增加值规模进行了详细测算。[①] 根据测算结果，2019 年中国数字经济增加值规模约为 17 万亿元人民币，占 GDP 比重为 17.2%（如表8.1 所示）。研究进一步测算的数字经济各部分增速和总体增速，如表8.2 所示。1993—2019 年，中国数字经济平均增速为 16.6%，呈持续快速增长势头，已成为中国经济增长重要引擎。2010—2015 年，伴随着移动互联网、云计算、大数据等新一代信息技术的爆发，中国数字经济年均增速 11.2%，2016 年以后平均增速有所下降，为 9.7%。

产业数字化的增速整体快于数字产业化，2012 年之前产业数字化增速一直高于数字产业化，在 2012 年后则出现相对增速的逆转。在

---

① 具体的测算过程参见蔡跃洲、牛新星：《中国数字经济增加值规模测算及结构分析》，《中国社会科学》2021 年第 11 期。

数字产业化方面,"ICT 制造业"与"ICT 服务业"的增速大体相当,但 2010 年以后"ICT 服务业"的增速明显高于"ICT 制造业",在规模上也于 2013 年实现反超。在产业数字化方面,"ICT 替代效应"无论从平均增速还是对应的增加值规模来看,都明显大于"ICT 协同效应"(见表 8.2)。

表 8.1　　　　　1993—2019 年中国数字经济增加值规模及占 GDP 比重　　　　单位:亿元

年份	数字产业化			产业数字化			数字经济规模合计	GDP	GDP 占比 (%)
	ICT 制造业	ICT 服务业	小计	ICT 替代效应	ICT 协同效应	小计			
1993	470.3	441.3	911.6	58.9	120.6	179.5	1091.1	35673.2	3.1
1994	617.8	668.9	1286.7	218.5	367.2	585.7	1872.4	48637.5	3.8
1995	767.1	1005.0	1772.1	553.7	647.5	1201.3	2973.4	61339.9	4.8
1996	827.0	1235.1	2062.1	955.5	862.8	1818.3	3880.4	71813.6	5.4
1997	1025.8	1581.5	2607.3	1200.0	1127.9	2327.9	4935.2	79715.0	6.2
1998	1259.9	1840.1	3100.0	1317.2	1382.1	2699.3	5799.3	85195.5	6.8
1999	1519.2	2136.7	3655.9	1470.8	1576.2	3047.0	6702.9	90564.4	7.4
2000	2145.9	3003.6	5149.5	1824.1	1951.2	3775.3	8924.8	100280.1	8.9
2001	2372.2	3319.1	5691.3	2433.3	2347.9	4781.2	10472.5	110863.1	9.4
2002	2714.9	3924.2	6639.1	3365.0	2677.9	6042.9	12682.0	121717.4	10.4
2003	3545.5	4503.5	8049.0	4465.7	2998.3	7464.1	15513.0	137422.0	11.3
2004	5193.0	5273.1	10466.1	5872.3	3524.1	9396.4	19862.6	161840.2	12.3
2005	6700.5	6114.5	12815.0	7269.9	4122.4	11392.3	24207.3	187318.9	12.9
2006	8155.4	6287.8	14443.2	8582.2	4709.7	13291.9	27735.1	219438.5	12.6
2007	9947.9	7383.7	17331.6	10544.6	5788.0	16332.6	33664.2	270092.3	12.5
2008	11407.9	7814.1	19222.0	12666.8	6973.6	19640.4	38862.4	319244.6	12.2
2009	12013.5	9207.8	21221.3	14540.6	7489.6	22030.3	43251.6	348517.7	12.4
2010	14598.1	11611.0	26209.0	18611.9	9472.3	28084.2	54293.2	412119.3	13.2
2011	16885.6	13994.0	30879.6	23631.6	11164.9	34796.5	65676.0	487940.2	13.5

续表

年份	数字产业化			产业数字化			数字经济规模合计	GDP	GDP 占比（%）
	ICT 制造业	ICT 服务业	小计	ICT 替代效应	ICT 协同效应	小计			
2012	18011.2	16538.1	34549.3	27733.6	12355.7	40089.3	74638.6	538580.0	13.9
2013	19688.4	19944.7	39633.2	31399.7	13907.9	45307.6	84940.8	592963.2	14.3
2014	21717.0	23497.6	45214.7	35011.8	15104.8	50116.5	95331.2	643563.1	14.8
2015	22599.3	27615.0	50214.3	38054.0	17115.2	55169.2	105383.5	688858.2	15.3
2016	23908.7	30969.6	54878.3	41355.8	19341.4	60697.2	115575.5	746395.1	15.5
2017	26807.2	38441.5	65248.7	46048.5	22020.0	68068.6	133317.2	832035.9	16.0
2018	29507.7	44498.2	74005.9	50969.4	25601.4	76570.8	150576.7	919281.1	16.4
2019	31786.8	52273.4	84060.3	56158.3	30074.8	86233.2	170293.4	990865.0	17.2

注：（1）1993—2016 年数据为测算所得；

（2）根据 1993—2018 年各部分名义增长率趋势外推，得到 2019 年以后各年份各部分增长率预测值，据以倒推对应的增加值。

表 8.2　　1993—2019 年不同阶段中国数字经济及其各组成部分增速　　单位：%

年份	数字产业化			产业数字化			数字经济整体	GDP
	ICT 制造业	ICT 服务业	数字产业化整体	ICT 替代效应	ICT 协同效应	产业数字化整体		
2010—2015	6.3	15.8	10.9	12.4	9.6	11.4	11.2	7.9
2015—2019	6.0	14.2	10.7	7.3	12.0	8.8	9.7	6.5
2010	13.6	17.9	15.4	19.8	18.3	19.3	17.4	10.6
2011	6.9	11.4	8.9	17.1	9.0	14.7	11.9	9.5
2012	4.2	15.5	9.3	14.8	8.2	12.6	11.1	7.9
2013	7.0	18.0	12.3	10.9	10.2	10.7	11.4	7.8
2014	9.4	16.8	13.1	10.3	7.4	9.4	11.1	7.3
2015	4.0	17.4	11.0	8.5	13.2	9.9	10.4	6.9
2016	4.6	10.9	8.1	7.0	11.3	8.4	8.2	6.7
2017	7.1	18.6	13.6	6.7	9.1	7.5	10.4	6.8

年份	数字产业化			产业数字化			数字经济整体	GDP
	ICT制造业	ICT服务业	数字产业化整体	ICT替代效应	ICT协同效应	产业数字化整体		
2018	6.3	11.8	9.5	6.8	12.2	8.6	9.0	6.6
2019	6.0	15.6	11.8	8.5	15.6	10.9	11.3	6.1
1993—2019	12.9	15.4	14.3	25.1	18.8	21.8	16.6	9.1

注：（1）2016 年以前数据为测算所得；

（2）表中增速均为按期末期初比值进行几何平均后而得，分阶段 GDP 增速与表 8.1 中取自然对数的计算结果会有细微偏差；

（3）2017—2019 年期间各年预测数据是在 2016 年测算数据基础上利用时间序列简单趋势外推而得。

四 2035 数字经济增加值规模预测

1. "十四五"时期数字经济增加值规模预测

本研究根据测算出的 1993—2018 年数字经济各组成部分年增长率，通过趋势外推方法对"十四五"时期各年数字经济增长率进行预测，并据以估算这些年份相应部分的增加值规模，进而得到加总的数字经济增加值规模估算预测值，相关的测算、估算预测结果如表 8.3 所示。预计，2025 年中国数字经济增加值规模将达到 326724.0 亿元（名义值），其中数字产业化增加值为 155185.7 亿元，产业数字化增加值为 171538.3 亿元。数字产业化未来增速大于产业数字化，很重要的原因在于，ICT 服务业（如信息技术和软件服务业）正在持续高速增长。这种趋势也是可以预期的，例如随着工业互联网的推进，工业软件、工业 App 等将迎来大发展。

表 8.3 　　　"十四五"时期中国数字经济规模估算预测（名义值）　　单位：亿元

年份	数字产业化			产业数字化			数字经济规模合计
	ICT制造业	ICT服务业	小计	ICT替代效应	ICT协同效应	小计	
2016	23908.7	30969.6	54878.3	41355.8	19341.4	60697.2	115575.5
2017	26807.2	38441.5	65248.7	46048.5	22020.0	68068.6	133317.2
2018	29507.7	44498.2	74005.9	50969.4	25601.4	76570.8	150576.7
2019	31786.8	52273.4	84060.3	56158.3	30074.8	86233.2	170293.4
2020	34315.6	60884.5	95200.2	61727.0	34520.1	96247.1	191447.3
2021	37312.8	68953.1	106265.9	67999.3	39724.0	107723.2	213989.2
2022	40791.1	76968.0	117759.1	75110.8	45876.6	120987.4	238746.5
2023	44365.2	85292.5	129657.7	82832.5	53132.6	135965.1	265622.8
2024	48136.0	93910.6	142046.5	91280.9	61488.6	152769.5	294816.0
2025	52301.9	102883.8	155185.7	100594.3	70944.0	171538.3	326724.0

2. 2035 年数字经济规模预测

本研究基于同样的方法对 2035 年数字经济增长率与数字经济增加值规模进行预测，结果如表 8.4 所示。预测结果显示，我国数字经济增加值规模（名义值）将在 2034 年超过百万亿元，2035 年达到 116.6 万亿元。在《中共中央关于制定国民经济和社会发展第十四个五年规划和二〇三五年远景目标的建议》起草和征求意见过程中，一些地方和部门建议，明确提出"十四五"时期经济增长速度目标，明确提出到 2035 年实现经济总量或人均收入翻一番的目标。如果要实现 2035 年人均 GDP 翻一番的远景目标，要求未来 15 年 GDP 实际增速年均达到 4.78%。这种增长速度将使我国 GDP 总量从 2020 年的 103 万亿元左右上升到 207.5 万亿元人民币（2020 年价格不变）。以此为参照，2035 年数字经济增加值规模在 GDP 中的占比将超过

50%，未来 15 年，数字经济在经济增长上将发挥更加重要的支撑作用。

表 8.4　　　　2035 年中国数字经济规模估算预测（名义值）　　　　单位：亿元

年份	数字产业化			产业数字化			数字经济规模合计
	ICT 制造业	ICT 服务业	小计	ICT 替代效应	ICT 协同效应	小计	
2016	23908.7	30969.6	54878.3	41355.8	19341.4	60697.2	115575.5
2017	26807.2	38441.5	65248.7	46048.5	22020.0	68068.6	133317.2
2018	29507.7	44498.2	74005.9	50969.4	25601.4	76570.8	150576.7
2019	31786.8	52273.4	84060.3	56158.3	30074.8	86233.2	170293.4
2020	34315.6	60884.5	95200.2	61727.0	34520.1	96247.1	191447.3
2021	37312.8	68953.1	106265.9	67999.3	39724.0	107723.2	213989.2
2022	40791.1	76968.0	117759.1	75110.8	45876.6	120987.4	238746.5
2023	44365.2	85292.5	129657.7	82832.5	53132.6	135965.1	265622.8
2024	48136.0	93910.6	142046.5	91280.9	61488.6	152769.5	294816.0
2025	52301.9	102883.8	155185.7	100594.3	70944.0	171538.3	326724.0
……	……	……	……	……	……	……	……
2030	116128.3	256227.9	372356.2	162951.7	93888.5	256840.2	629196.4
2031	128772.2	297713.7	426485.9	179618.7	104912.1	284530.8	711016.7
2032	142793.7	345938.9	488732.5	197987.5	117229.7	315217.2	803949.7
2033	158338.6	401945.2	560283.8	218221.3	130996.8	349218.1	909501.8
2034	175575.3	467010.7	642586.0	240525.2	146381.6	386906.8	1029492.8
2035	194689.1	542617.6	737306.8	265114.0	163572.8	428686.8	1165993.6

新一轮科技革命和产业变革的加速演进，推动全球数字经济蓬勃发展。以大数据、人工智能、物联网为代表的数字技术正在加速全球经济数字化转型进程，持续创造巨大的经济效益，并对当前发展中存在的能源、环境、贫穷等社会难题带来了新的解决方案。习近平总书

记在给 2019 年中国国际数字经济博览会的贺信中指出："当今世界，科技革命和产业变革日新月异，数字经济蓬勃发展，深刻改变着人类生产生活方式，对各国经济社会发展、全球治理体系、人类文明进程影响深远。"[①] 在新一轮科技革命浪潮下，数字经济已成为引领科技创新、经济增长和产业变革的先导力量。

---

① 《习近平向 2019 中国国际数字经济博览会致贺信》，《人民日报》2019 年 10 月 12 日第 1 版。

第九章　数字经济带来的变革及未来趋势

一　数据成为新的生产要素

数字经济的一个重要特征是将知识和信息纳入主要生产要素，如今知识和信息以更加具体化的"数据"表现出来。ICT 技术的发展以及信息系统在各行业、各领域的普及引发了数据量的爆发式增长，数据所蕴含的价值受到越来越多的关注。数字经济时代，数据逐渐被看成像农业时代土地一样的"基本生产资料"，成为经济组织之间生产、加工、交易的主要对象之一。随着数据的获取、存储、分析等相关技术不断提高，大数据在诸多领域走上了产业化发展道路，对全球生产、流通、分配、消费活动以及经济运行机制产生了重要的影响。2019 年，党的十九届四中全会审议通过的《中共中央关于坚持和完善中国特色社会主义制度　推进国家治理体系和治理能力现代化若干重大问题的决定》首次将"数据"列为生产要素。刘鹤副总理指出，这一改变反映了随着经济活动数字化转型加快，数据对提高生产效率的乘数作用凸显，成为最具时代特征新生产要素的重要变化。①

数据要素具有非竞争性、低复制成本、非排他性/部分排他性、外部性以及即时性等特征，对提高微观效率、支撑宏观增长、促进供需匹配具有重要作用。从涉及的数据主体来看，数据要素可以分为"公共部门数据"和"私人部门数据"，前者是指政府部门或公用事业部门形成的各种数据信息资源，后者又可细分为对企业生产经营各环节、各流程状况进行监测记录的"生产运营数据"和互联网平台实时记录用户浏览、搜索、互动、交易等活动形成的"个人行为数据"。无论是公共部门数据还是私人部门数据，其充分流动共享对于支撑经济高质量发展都有重要作用。另外，从涉及的地理空间来看，数据要素流动还可以分为"境内数据流动"和"跨境数据流动"。数据要素流动大致有三种实现方式，即数据开放、数据交易和数据交换。公共部门数据的流动主要采用数据开放的方式，通常由掌握公共数据资源的政府机构，在充分评估数据安全等因素的前提下，有选择地向社会公众开放数据。私人部门数据则由掌握数据资源的微观企业通过数据交易和数据交换的方式实现流动。从私人部门间的数据交易来看，当前正规的数据市场交易规模相对较小，全球数据市场规模远小于数据要素价值，未来数据市场还有巨大的开发空间。

---

① 刘鹤：《坚持和完善社会主义基本经济制度》，《人民日报》2019 年 11 月 22 日第 6 版。

二 科技创新格局和范式发生深刻改变

1. 全球科技创新格局的变化

新一轮科技革命正在深刻改变全球科技创新格局,有学者指出世界科学中心呈现转移的趋势,全球科技创新力量从发达国家向发展中国家扩散,中国、印度、巴西等新兴经济体对世界科技创新的贡献率快速提升,科技创新呈现出全球化、网络化协作趋势。[①] 其中,中国科技创新能力的提升尤为瞩目。过去十多年的时间里,中国在创新发展和数字经济领域的成就,从某种意义上正在改变以美国、欧盟、日本等西方经济体占绝对主导地位的国际科技竞争格局。2018 年以来开始的中美经贸摩擦,本质上是美国面对中国不断提升科技实力加快实现和平崛起所采取遏制战略的具体体现。美国针对 5G、半导体集成电路等高科技领域,对中国先后实施了一系列打压手段和措施。当前,包括美国在内的世界主要创新大国都积极把握数字经济的发展机遇,纷纷制定相关战略,瞄准新一轮科技革命的主流方向加快布局,以增强各自的科技竞争力和综合国力。

2. 科技创新范式和组织方式的变化

新一轮科技革命给传统产业的科技创新带来重要机遇,新一代信息通信技术在传统产业发展渗透,不断形成新的产业群落。例如,科

---

① 洪志生、秦佩恒、周城雄等:《第四次工业革命背景下科技强国建设人才需求分析》,《中国科学院院刊》2019 年第 5 期。

技革命带动制造业不断向工业 4.0 迈进，形成以智能制造、工业互联网等为核心的新的产业生态。与此同时，数字经济时代的科技创新方式和组织方式也发生了深刻改变，许多前沿科研领域不再是以单一技术成果突破为里程碑的科学实践，而是进入系统集成创新发展的新阶段。科研的组织、载体和资源都在发生变化，特别是以企业为主导的产学研深度融合，已经超越了技术本身。产学研深度融合正在充分调动各种创新要素和资源，带动不同产业甚至整个社会体系参与创新。例如，汽车领域正面临因电力驱动、智能网联、共享服务叠期而至引发的变革，这与工业化时代科技创新的组织方式有显著不同。

三 生产组织方式与管理体系发生重构

数字经济时代的生产组织方式与工业化时代相比发生了重大变化，这些变化是随着数字化转型程度的加深而动态调整变化的，在数字化转型的不同阶段表现出不同的特点和趋势。我国经济的数字化转型过程大致可以分为三个阶段：第一个阶段是以计算机和信息通信技术驱动的信息化发展阶段（2000 年以前），第二个阶段是以互联网驱动的数字化转型阶段（2000—2015 年），第三个阶段是以大数据人工智能驱动的数字化转型阶段（2015 年至今）。

在数字化转型的第一个阶段，信息化发展对工业经济下组织方式的影响相对较小，组织方式的变化主要是为了适应信息通信技术的应用，形成作为支撑的信息化部门和组织；在数字化转型的第二个阶段，组织方式开始出现颠覆性的变革，以互联网为基础的高新科技发展使机构间的信息流通和交易过程更具效率，交易成本显著下降，机构间的关系通过互联网平台形成新的分工和结构，组织管理体系趋于网络化和平台化。在数字化转型的第三个阶段，数据成为驱动组织方式变革的关键要素，大数据、人工智能、云计算等技术与早期的 IT 技术截然不同，它们不再局限于特定公司或行业的边界，而是涉及更广泛的生态系统和需求方，组织方式的包容性、可延展性和协同性受到越来越多的重视，生态系统的广泛建立成为组织方式的显著特征。

当前，以平台经济为代表的产业组织方式已经从互联网行业向传统行业快速发展渗透。工业经济时代的组织管理注重建立"科学的管理方式"，而数字经济时代则更加注重"生态系统"的建设，催生了以平台经济体为中心的新型产业组织结构。平台经济体在生态系统中占据塔尖位置，通过分包、众包方式给中小微企业提供商业机会，不断发展和壮大整个生态系统，推动产业互联网蓬勃发展。生产组织方式的这一改变也带来诸多问题，最为突出的问题是导致市场竞争从单品竞争转向生态竞争，容易造成"强者越强"的局面，加剧平台企业的垄断，给市场监管带来新的难题。平台企业作为整个生态系统的主导者，不仅具有数据、技术等资源方面的优势，也具有制定规则的优势。加上不同行业、不同领域的平台生态差异巨大，平台企业垄断行为的判定和监管体系的建立面临很大挑战。

四　劳动力市场和就业生态发生重大变化

近年来，数字技术的发展渗透给传统的就业生态、就业结构、就业方式带来颠覆性的影响和变革。数字经济时代劳动力市场和就业形态的变化主要源于产业结构和组织模式的变化。过去十年来，电子商务的蓬勃发展极大地促进了需求端的数字化转型，涌现出 O2O 服务、互联网金融、共享经济等一大批新模式、新业态。随着需求端数字化转型的深入，第三产业的比重不断提升，服务业的数字化已经形成良好的扩展复制基础，正逐步实现跨行业、跨地区的发展融合。伴随而来的，以科技为重心的新兴行业显示出了惊人的资本和人才号召力，如智能制造、互联网金融、在线教育、网络生活服务等领域，吸引了大量高层次人才的加入，并深刻改变了传统经济模式下的就业结构、就业形式和就业需求。

在就业结构上，以人工智能为代表的前沿数字技术推动第三产业就业比例不断提升。以制造业为例，制造业的服务化是数字化转型的一个重要方向，伴随着制造业流程的数字化，传统生产、装配、制造、监测等岗位的自动化水平正在不断提高，这些岗位将被释放出来，促使更多的技术工人转型到服务岗位。在就业形式上，网约车、短租平台、外卖平台、网络直播等新业态催生了大量新职业、新岗位，并激活了灵活就业市场，"零工就业""非正规就业"的规模不断扩大。在就业需求上，近年来信息通信、计算机服务和互联网等相关行业的就业需求增长迅猛，特别是与产品研发、电子商务、新就业形态相关的岗位就业需求持续旺盛。

2020 年年初，新冠肺炎疫情席卷全球，疫情本身及相应的防控措施对原有经济社会运行秩序带来巨大冲击，其中对就业的冲击格外严重，引发了自第二次世界大战以来最严重的就业危机。疫情防控初期，在传统经济活动普遍受到抑制的情况下，数字经济逆势增长，短期内在就业恢复和就业带动上发挥了重要作用，尤其是依托互联网平台发展形成的"新就业形态"，疫情之后对劳动者特别是青年劳动者的吸引力持续提升。新就业形态因其就业门槛低、灵活性等特点，在中西部欠发达地区吸纳了大量低收入、失业、家庭唯一就业、农村劳动力等就业困难群体，增加了低技能劳动者和弱势群体的就业机会。作为数字经济发展过程中的新事物，新就业形态在稳定和增加就业方面发挥出越来越重要的作用，但也不可避免地遭遇经济、社会、监管等方面的问题和矛盾，其中最为突出的是新就业形态的劳动权益和社会保障问题。

五 智慧城市与数字化治理快速发展

世界新一轮科技革命与产业变革给城市治理带来了深刻影响，大数据、云计算、人工智能、物联网等数字技术融入城市的各个系统，极大地促进了城市建设、城市经济、城市管理和公共服务的升级与发展，给城市治理带来新的机遇和挑战。一方面，数字技术为城市发展中日益突出的能源、环境、人口等问题带来新的解决思路和方案；另一方面，数字技术的发展也在不断提出新的经济建设和社会管理需求。2008 年以来，"智慧城市""智慧治理"等发展理念在全球范围内快速传播，许多国家都在尝试利用数字技术让城市变得智能、便捷、高效、清洁。智慧城市建设在推动城市基础设施进行数字化升级改造的同时，也重塑了原有的城市治理模式，使得城市治理更加"以人为本"，大大提高了城市治理的包容性和创新性。

1. 全球智慧城市建设的兴起与发展

"智慧城市"的概念最早出现于 20 世纪 90 年代，2008 年美国 IBM 公司重新提出这一概念并赋予新的含义后，新的"智慧城市"概念引起美国政府的高度重视，随即很快融入美国的城市发展和建设当中，并传播到世界各地。美国的智慧城市建设开始于 2008 年，奥巴马总统上台后，美国政府利用财政资金推进一系列智慧城市信息基础设施的建设，引导企业、高校以研究院所等作为主体进行智能电网、智能交通、智慧医疗等业务、产业模式创新。2012 年年底，美国国家情报委员会发布《全球趋势 2030》报告指出，未来全球经济发展最具影响力的四类技术是信息技术、自动化和制造技术、资源技术及健康技术，其中"智慧城市"被列为信息三项技术之一。当前，美国已经逐步发展成以互联网、物联网、云计算等技术为基础的智慧城市建设方案和标准，美国纽约、波士顿、旧金山三大城市成为美国智慧城市的典型代表。

欧洲国家的智慧城市建设策略与美国类似，主要致力于推进市政设施数字化、城市数据的开放利用和各个层面的数字化合作。欧洲通过实施"i2010"战略、欧洲 2020 战略和"智慧城市和社区欧洲创新伙伴行动"，在规划下循序推进并资助成员国智慧城市的发展，分步实施促进智慧城市的建设战略。2011 年 5 月，欧盟 Net Works 论坛出台了"Smart Cities Applications and Requirements"白皮书，强调低碳、环保、绿色发展，这也成为欧洲智慧城市建设的指导方针。在智慧城市建设方面走在世界前列，英国伦敦、法国巴黎、瑞典斯德哥尔摩、荷兰阿姆斯特丹、奥地利维也纳均是欧洲智慧城市建设的先驱典范。

2. 中国智慧城市的发展

中国的智慧城市计划是从早期分散在不同领域的信息化政策演变而来的，最早可以追溯到20世纪90年代末的"数字城市"建设和21世纪初的"信息城市"建设，主要体现在信息化系统在城市管理中的应用，特别是政府部门的信息化系统建设。2009年前后，我国第一次提出"智慧城市"建设，开启和推动了新一代信息技术（大数据、物联网、云计算等技术）在城市治理中的应用。2010年年底，科技部在国家863计划中推出"智慧城市"主题项目，围绕城市信息基础设施建设、信息产业和现代服务业发展、战略性新兴产业等国家重大需求，开启了"智慧城市"建设的科学探索。2015年开始，党和国家进一步提出"新型智慧城市建设"，继续深化新一代信息技术的应用，借助无处不在的移动网络、物联网和大数据分析等技术提高城市规划和治理的智能化、自动化水平。2010年以来，在国家工业与信息化部的指导与支持下，先后有超过300个城市开展智慧城市建设，城市治理的功能性、高效性和快速响应性大大提高。经过十多年的发展，中国已经探索出一条符合中国特色社会主义现代化特征的智慧城市建设道路，并在城市治理上做出诸多方面的创新。例如北京、上海、杭州、深圳等地探索并实践的"网格化""精细化"城市管理模式，既融合了欧洲、美国"以人为本、绿色低碳"的发展理念，也将产业转型升级、公共服务提升作为智慧城市建设的重要内容。

2020 年,《中华人民共和国国民经济和社会发展第十四个五年规划和 2035 年远景目标纲要》中明确指出以数字化助推城乡发展和治理模式创新,全面提高运行效率和宜居度。分级分类推进新型智慧城市建设,将物联网感知设施、通信系统等纳入公共基础设施统一规划建设,推进市政公用设施、建筑等物联网应用和智能化改造。完善城市信息模型平台和运行管理服务平台,构建城市数据资源体系,推进城市数据大脑建设。探索建设数字孪生城市。从"十四五"时期到 2035 年,智慧城市建设将始终是未来城市发展的重心。

六　关于数字经济发展的反思

当前,以大数据、人工智能为代表的数字技术已经渗透到经济社会的方方面面,与最初阶段积极拥抱数字技术变革的态度相比,近几年关于数字经济负面影响的研究和反思越来越多。例如,有学者讨论了当前人工智能技术演进路线的潜在经济、政治和社会成本,认为如果人工智能延续当前的技术发展路线不受监管,那么技术进步可能带来诸多社会、经济和政治危害,包括损害竞争、消费者隐私和选择权;过度自动化,加剧不平等;无效降低劳动力工资水平,却无法提高劳动力生产效率;破坏政治话语体系,即民主的最基础支撑,等等。[1] 因此,应当通过制度和政策引导 AI 技术研发方向,以此控制或避免技术的潜在负面影响。仅仅依靠促进市场竞争,不足以实现对技

---

[1]　Acemoglu D. , "Harms of AI", *National Bureau of Economic Research* , 2021.

术的管控。还有研究发现，人工智能及相关自动化技术进步可能会造成发展中国家和新兴市场的损失，使其在过去半个世纪参与全球经济所获得的收益发生逆转，加重贫困和不平等。[①] 技术进步可以带来劳动力节省、资源节约等效应，同时产生"赢者通吃"的发展趋势，使发达国家从中获益。

我国学者也开始关注数字经济带来的不平衡问题，特别是劳动和就业领域的不平衡。柏培文和张云研究了在数字经济、人口红利下降的双重背景下，中低技能劳动者的权益变动情况，[②] 研究发现：其一，数字经济发展挤占了中低技能劳动者相对收入权，但改善了中低技能劳动者相对福利效应；其二，数字经济通过要素重组升级、再配置引致的效率变革与产业智能化削弱了中低技能劳动者的相对收入权，但通过数字化治理模式改善了中低技能劳动者的相对福利效应；其三，人口红利下降的劳动力短缺效应来源于中低技能劳动者，尤其是低技能劳动者的供给陷阱；其四，在人口红利下降背景下，数字经济发展仅削弱了低技能劳动者权益。这意味着，数字经济发展引致的低技能劳动力替代效应远甚于人口红利下降的低技能劳动力短缺效应，且微观个体禀赋、宏观经济环境与政府治理水平对低技能劳动者权益的影响具有明显差异性。李晓钟和李俊雨从理论上分析了数字经济发展水平对城乡居民收入差距的影响机理，并利用 2009—2017 年省级面板

---

① Korinek A, Stiglitz J E., "Artificial intelligence, globalization, and strategies for economic development", *National Bureau of Economic Research*, 2021.

② 柏培文、张云：《数字经济、人口红利下降与中低技能劳动者权益》，《经济研究》2021年第 5 期。

数据进行了实证研究。① 研究发现：数字经济发展水平对城乡收入差距的影响呈先扩大后缩小的"倒 U 形"态势；数字经济发展水平对城乡收入差距存在门槛效应。人均收入水平越高、研发强度越大，数字经济对城乡收入差距缩小的作用效应越明显；"一带一路"建设、对外开放程度扩大，也有利于城乡收入差距缩小。

---

① 李晓钟、李俊雨：《数字经济发展对城乡收入差距的影响研究》，《农业技术经济》2021年第 9 期。

第十章　数字经济未来发展目标

一　数字经济发展的主要目标

习近平总书记在《把握新发展阶段，贯彻新发展理念，构建新发展格局》中明确指出："我们已经明确了未来（新发展阶段）的路线图和时间表。到 2035 年，用 3 个五年规划期，基本实现社会主义现代化。然后，再用 3 个五年规划期，到本世纪中叶，把我国建成富强民主文明和谐美丽的社会主义现代化强国。"[①] 据此，我们可以将 2035 年和 2050 年作为新发展阶段下数字经济发展的两个时间节点，并着重围绕 2035 年这个中期节点设定数字经济发展的主要目标。

第一，数字技术与实体经济广泛深度融合，产业数字化转型全面推广普及。数字技术渗透到经济社会运行的各领域、各环节、全过程，与实体经济进行广泛深度融合，为提高生产和流通效率、畅通经济循环、保障产业链供应链安全提供有力支撑，传统产业数字化转型

---

① 习近平：《把握新发展阶段，贯彻新发展理念，构建新发展格局》，《求是》2021 年第 9 期。

得到全面推广普及；农业数字化转型取得显著成效，数字农业、智慧农业成为主流农业生产方式；工业互联网平台生态体系日益完善，制造业数字化基本普及；生产性服务业与制造业深度融合，生产智能化、服务化成为常态；生活性服务业全面平台化、生态化；产业数字化转型的支撑服务体系愈发完备。

第二，数字关键核心技术整体自主可控，数字产业化水平位居世界前列。数字技术关键核心领域创新基本实现自立自强，"锻长板"成效显著，多点开花形成全球领先优势，"卡脖子"问题得到根本性解决，数字技术产业生态体系趋于完备，产业链、供应链安全得到有效保障，数字产业化水平具备较为明显的全球竞争优势，为构建现代化产业体系、支撑产业数字化转型提供坚实的物质技术基础。数字新技术、新产业、新业态、新模式不断涌现，快速广泛普及，为实体经济提质增效提供持续动力。

第三，新型数字基础设施体系完善可达，数字化公共服务便捷化均等化。新型数字基础设施实现境内全域覆盖，并广泛融入生产生活各环节，有效保障经济社会运行中数据信息的实时交互、传输和处理。政务服务、公用事业、民生保障、社会治理等公共服务提供全面数字化转型，网络化、数字化、智能化的利企便民公共服务生态体系日益完善，城乡之间数字鸿沟基本弥合，公共服务获取的便捷程度和均等化程度显著提升。

第四，数据要素流动制度体系基本健全，基本实现数字经济治理现代化。数据要素流动体制机制建设成效显著，境内公共数据跨部门开放共享机制基本建成，"数据孤岛"现象大幅减少；非公共数据要素的市场化交易体系日益完善，数据确权、交易定价、流动方式、收益分配等机制基本理顺，多种交易模式并存格局形成；跨境数据流动的国内安全审查和国际协调合作机制更加完善，基本实现数据要素境内境外的安全、有序、充分流动。协调统一的数字经济治理框架和规则体系愈发完善，跨部门、跨地区的协同监管机制更加健全。政府数字化监管能力显著增强，行业和市场监管水平大幅提升。法律法规制度体系适应数字经济发展不断修正完善，政府主导、多元参与、法治保障的数字经济治理格局初步形成，基本实现数字治理现代化，数字经济安全得到有效保障。

展望 2050 年，数字化将成为经济社会运行的基本形态。数字基础设施实现全域覆盖，城乡数字鸿沟基本消除，基本公共服务实现全面数字化、均等化；数据要素相关制度体系完善，有效支撑境内外安全、有序、充分流动；数字技术自主创新能力、数字产业发展水平位居世界前列。

二　数字经济发展面临的问题挑战

尽管我国近年来数字经济发展取得了令人瞩目的成就，但应清醒地认识到，与美国等数字经济强国相比我们在关键核心技术、研发创新能力等方面仍存在较大差距。此外，推动数字经济持续健康发展，还面临着资金、人才、监管、安全等诸多现实约束和挑战。

1. 提升研发创新能力存在技术和商业障碍
在高端芯片制造、集成电路关键加工设备及材料、工业软件等方面，我国本土企业与国际领先企业相比普遍存在两个世代以上的技术差距。2018年以来，中美科技战叠加新冠肺炎疫情冲击，已经对我国部分关键数字技术产品服务的持续稳定供给乃至产业链供应链安全造成了一定影响，数字技术领域"卡脖子"风险日益凸显，华为在手机芯片断供后的艰难处境便是例证。保障数字经济健康发展，化解"卡脖子"风险，亟须加快提升数字经济核心技术研发创新能力，加快实现科技自立自强。

然而，由于技术资金门槛、用户习惯、产业链条及产业生态等方面的特殊性质，数字关键核心技术实现自主可控目标所面临的困难远比想象的要多。以备受社会各界关注的高端芯片为例，要实现技术上的自主可控，不仅要组织研发攻关、不断突破技术瓶颈，还要在特殊的市场结构和复杂的产业创新生态下实现大规模商业化应用。

2. 数字技术与实体经济深度融合面临资金约束

加快产业数字化转型、推动数字技术特别是新一代信息技术与实体经济深度融合，需要大量投资对传统产业进行全方位数字化改造。由于一次性投入大且回报周期较长，通常只有效益较好的大型企业才有意愿和条件全面推进。数字化改造的成效存在很大不确定性，企业大多数都是根据生产经营实际需要，选择关键性的、典型的应用场景，逐步开展数字化改造。

对于中小企业，"融资难、融资贵"问题长期存在，全面推进制造业数字化转型面临现实的资金约束，即便有强烈的数字化转型意愿，也较难筹措到转型所需资金。而且中小企业生产经营很多都处于盈亏平衡边缘，数字化转型投入大、回报周期长，一旦进展不顺无法及时盈利收回投资，将直接影响企业生存。

3. 产业数字化受到复合型数字人才短缺的制约

不同于消费互联网相对简单的交易场景，传统产业特别是工业/制造业的生产过程普遍较为复杂，实现数字化转换需要 IT 技术与不同行业操作技术（OT）的深度融合，技术难度大幅增加。制造业数字化转型就是要借助数字技术，更好地实现原有依赖人工操作的制造工艺和流程，掌握计算机软硬件技术的 IT 人员只有在充分理解制造工艺/操作技术前提下，才可能通过软硬件将其实现。不同行业的制造工艺千差万别，IT 人员不可能深入了解每一个行业，而 OT 人员如果缺乏 IT 方面的知识背景又很难将其以 IT 人员易于理解的方式提出数字化建设需求。从数字化转型领先企业的实践来看，真正做到生产过程的数字化转型，往往需要长时间的沉淀和磨合，其中，既懂 OT 又懂 IT 的复合型数字人才是支撑深度融合的关键，而复合型数字人才的短缺则是制造业企业普遍面临的重要瓶颈。

4. 数字经济发展存在宏观收入差距扩大风险

从微观层面来看，加快数字化发展，能够提高经济社会运行各环节效率，降低运行成本，提升产品服务质量，进而增加企业等微观经营主体的效益。在消费领域，各种消费互联网平台的出现，大幅提升了消费者购物、出行、用餐的效率，提高了供需匹配效率。在生产领域，制造业企业在实施数字化转型，特别是生产线自动化、数字化的过程中，普遍实现了效率提升和成本降低。不过，数字化转型在实现微观层面降本提质增效的同时，也会在宏观层面带来收入差距扩大的风险。在制造业、建筑业等传统行业的数字化转型过程中，岗位替代的效果非常明显。虽然短期内企业微观层面岗位数量有所增加，但长期仍然存在宏观层面出现技术性失业群体的潜在风险。尽管由于配套岗位增加、生产规模扩大等原因，转型企业生产类岗位的数量和收入水平尚未受到技术进步的负向冲击，但随着新一代信息技术逐渐成熟，技术应用企业逐步调整并完善其生产业务流程、岗位设置、管理架构等配套机制，技术进步对生产类岗位的直接替代效应将发挥主导作用，传统制造行业的生产类岗位将被大规模替代。如不能适当培训和妥善安置企业和行业层面的被替代劳动力，或将引发宏观层面的大规模技术性失业，进而在宏观层面表现为收入差距的扩大。另外，在新一轮科技革命和产业变革下，由于人工智能技术的商业化应用，机器对劳动的替代已经开始由以往历次技术革命的体力替代转向脑力替代。以往收入水平处于中间层的程式化岗位，如会计、初级律师更容易被替代，就业结构可能呈现出高收入、高技能岗位与低收入、私人服务型岗位比重同步上升的"两极化趋势"，最终带来全社会范围内收入分配差距的进一步扩大。

5. 数字平台垄断与优势市场地位滥用问题

以互联网平台经济为代表的数字经济新业态，在不到 10 年的时间里已成为经济社会运行重要的组织形态和模式。作为新一代信息技术和数据要素支撑的模式创新，互联网平台具有低成本性、高开放度、高共享度、网络外部性等技术—经济特征。在初期高速发展阶段，低进入成本和高开放度使互联网平台能够以网状结构连接各种类型的用户，而低边际成本和高共享度则促进了用户间数据信息的产生和流动，并为用户低成本地利用数据信息创造了条件，促进了数据要素价值的释放，带动用户福利提升。然而，进入稳定成熟阶段后，平台的福利提升效应逐步趋于稳定，而其网络外部性特征则继续发挥作用通过"马太效应"形成若干优势平台。少数优势平台凭借积累的大量用户和数据信息，获得了市场垄断势力和数据垄断能力，并成长为市场寡头。随着用户增长逐渐到达瓶颈，市场趋于饱和，具有一定垄断能力的头部平台为争夺彼此用户、实现自身利益的最大化展开激烈竞争，形成垄断竞争乃至寡头垄断的市场格局。在实践中，受资本控制的垄断平台一般都有着滥用自身优势地位过度进行剩余索取的倾向，由此将损害平台上消费者、商户等其他主体利益，妨碍公平竞争。

6. 数据安全与隐私保护问题

数字经济时代，数据信息收集、处理、分析、传输的便利性，为信息流引导物质流、资金流，加速经济循环，构建新发展格局提供了有力的支撑。畅通经济循环要求数据要素充分、快速流动，但与此同时也带来了信息安全问题。近年来，消费互联网领域数据泄露对消费者主体带来的隐私安全问题，已经引起了社会各界的关注和反思。而在供给侧，产业链上下游客户和供应商的数据开放意愿，一直是制约工业互联网平台发展的瓶颈，其核心还是数据信息安全问题。从客户角度来讲，重点客户一旦接入平台并开放数据后，某种程度就意味着企业被平台所绑定；从生产企业角度来讲，企业生产的物料清单、过程控制等开放在工业互联网平台，一旦为竞争对手获得，企业将无商业机密可言。工业互联网的构想和前景很美好，但如果不能妥善解决好数据安全问题，很难真正落地。

此外，跨境数据流动还涉及国家安全，当前世界主要经济体围绕数据跨境流动开展了多年博弈。例如，欧盟在 2018 年出台了《通用数据保护条例》（GDPR），美国出台了《明确境外数据合法使用法案》（CLOUD），日本则对其《个人信息保护法》进行修改并同美欧分别达成相关协议。这些法案/条例对于数据信息跨境流动所做出的规定固然有个人隐私保护和信息安全的考虑，但在维护国家安全基础上最大限度控制或获取数据资源可能才是各方的主要诉求。数据要素流动涉及的上述境内、境外、技术、制度等各种因素相互交织、错综复杂，给统筹发展与安全带来了很大挑战。

三　迈向 2035：数字经济发展的主要任务

从"十四五"到 2035 年是我国数字经济发展的关键时期，围绕全面建设社会主义现代化国家的根本任务和远景目标，应当加快推动数字经济健康发展，着力完成好以下主要任务。

1. 构建现代化数字产业体系

首先应当加快实现关键核心技术自主可控，构建起现代化数字产业体系。一是"补短板",充分发挥我国超大规模市场优势和举国体制优势,选取高端芯片、操作系统、工业软件、网络安全等若干"卡脖子"技术,综合运用首台套补贴、首台套保险、政府采购、集成电路产业投资基金等多种政策手段,加大研发创新力度和步伐,尽早实现数字技术产业链、技术链的自主可控,切实筑牢数字经济发展的技术底座和国家网络信息安全屏障。二是"锻长板",加大对 5G 等优势技术商业化应用的支持力度,强化其技术领先优势和商业应用优势,为保障数字经济发展安全准备更多反制手段。三是提前布局,在(数字领域)技术预测基础上,围绕可能出现颠覆性创新的细分领域,如碳基芯片、量子计算、量子通信及下一代移动通信、人工智能(类脑智能),尽早开展预研并推动示范性应用,力争在全球数字竞争中抢占先机。四是推动完善产业生态体系,以集成电路/芯片制造为核心形成的数字技术/ICT 产业生态系统,具有超长的产业链条,涵盖材料、设备、制造、应用四大模块,每一个模块又细分为多个环节。其中,处于上游的材料和设备是整个集成电路产业的基石,处于中游的制造模块其产成品芯片则几乎构成所有数字技术的物质载体,下游则是经济社会不同领域的应用,涉及经济体量规模可观。完善以芯片制造为核心的产业生态系统,构建起现代化数字产业体系,可以为保障数字技术产业链供应链安全、构建现代化产业体系提供有力支撑。

2. 降低产业数字化转型门槛

优化数字基础设施布局及运行模式,降低产业数字化转型门槛。一是优化数字基础设施建设布局,完善信息网络基础设施建设布局,结合各地生产生活实际需要和主流技术及标准变化情况，适时进行扩容升级，提高网络覆盖率，为未来智能工厂、无人驾驶、远程医疗（手术）等诸多应用场景提供低时延、大容量、高速率的数据信息传输保障。二是完善数字基础设施运行相关的标准协议，畅通关联基础设施之间的衔接配套，例如工业互联网标识解析体系、通信协议以及配套的基础软件、工业 App 等，夯实数字技术与实体经济深度融合的底层基础，提升数字基础设施运行的整体效能。三是创新数字基础设施运行运营模式，切实降低产业数字化转型的成本和门槛。相比消费互联网等数字经济新模式，产业数字化转型特别是制造业数字化转型有着更为专业的应用场景和更高的技术复杂度，企业数字化转型改造也需要承担更高的成本。为此，有必要立足中国现实国情，摒弃急功近利的做法，将各地特色优势与工业互联网等数字基础设施的技术特点结合，创新运行运营模式，通过降低成本引导企业实施数字化转型。

3. 完善人才培养引进保障体系

完善人才培养引进保障体系，以支撑数字化转型和高质量发展。一是探索复合型数字人才培养模式，改变关键岗位复合型人才偶发性自我成长的模式，从培训体系、人事制度、用工激励等入手形成系统性的复合型数字人才培养机制。二是做好高层次数字人才引进的顶层设计，特别要把握好中美博弈背景下海外华人科技人才回流的特殊机遇，统筹人才引进、安置、调配等各项工作并形成制度，做到"引得回、用得上、留得住"。三是构建并不断完善数字人才培养体系，在全面落实好《提升全民数字素养与技能行动纲要》基础上，围绕提升全体公民数字素养和专业人员数字技能的目标，调整优化课程设置和教育培训模式，形成基础教育、高等教育、职业教育、技能培训等有机衔接的数字人才培养体系。四是实现公民数字技能提升与岗位替代人员分流安置的有机衔接，充分利用数字经济新模式新业态提供的各种非标准就业（零工就业）做好分流安置工作，同时通过对分流安置人员的数字技能培训更好地支撑新业态发展。五是提高非标准就业人员的社会保障水平，切实解决好从业者安全、医疗、养老等保障问题，降低非标准就业从业风险，在稳定就业队伍、支撑新业态发展的同时也让更多群体享受到数字化红利，避免收入及福利差距过大。

4. 构建完善数据要素流动制度体系

构建完善数据要素流动制度体系，保障数据安全有序充分流动。一是完善公共数据开放共享机制。在现有的归集整理、分级分类和公共数据开放平台建设基础上，细化公共数据开放共享的权限设定、安全保障及激励机制，从改变本位主义观念、明确数据共享权责、提高开放共享激励等方面入手，循序渐进推动各级各部门加大数据开放共享力度。与此同时，对数据开放申请人、数据用途、后续追踪等也做出相应安排，明确各方权利责任，从制度上保障公共数据使用的安全性。

二是完善社会数据确权、定价、交易、分配等制度体系。在现有《个人信息保护法》《数据安全法》的法律框架下，进一步明确数据当事人、数据收集者、数据使用者的权利义务，设计数据交易后的收益分配规则。从技术角度入手，改变数据产品服务提供方式，将交易对象由原始数据转变为经由技术服务商提供的数据产品，设计匹配的交易规则和定价机制，结合数据交易实践探索规范"原始数据不出域，数据可用不可见"的交易模式。

三是完善跨境数据流动制度体系。一方面，健全数据跨境流动安全审查机制，在现有《数据安全法》《网络安全法》《个人信息保护法》等数据安全相关法律框架下，结合国际规则对涉及数据跨境流动的条款进行细化，并在中央层面由网信、工信等部门牵头成立专业的数据信息安全审查管理部门和安全评估机构；另一方面，加强跨境数据流动国际合作，建立完善数据跨境流动双多边合作机制，充分利用《区域全面经济伙伴关系协定》（*Regional Comprehensive Economic Partnership*，RCEP）签署生效以及未来加入《全面与进步跨太平洋伙伴关系协定》（*Comprehensive and Progressive Agreement for Trans-Pacific Partnership*，CPTPP）的机遇，推动数据跨境流动规则与国际接轨；与此同时，要利用好 WTO、G20、APEC 等多边合作平台，就个人信息保护和跨境数据流动与美国、欧盟、日本等主要数据资源大国建立双边协商机制。此外，倡导公开、透明、包容的原则，着力争取更多欠发达国家的支持，充分发挥我国的先发优势和市场规模优势，为欠发达国家发展数字经济提供技术援助并分享经验。

5. 完善数字经济治理架构体系

完善数字经济治理架构体系，优化数字经济发展外部环境。一是明确新发展阶段我国数字经济治理的基本原则和理念；以促进高质量发展和共同富裕、坚持以人民为中心的发展思想作为开展数字治理的基本原则，坚决防止资本无序扩张；按照平衡鼓励创新与遏制优势滥用的理念，根据被监管对象的发展阶段及其行为影响，实施针对性的治理监管活动。二是提高政府数字治理能力，构建起多元协同治理体系；充分发挥数据资源丰富的时代优势，配合公共数据的跨部门开放共享，健全完善治理监管部门间的分工协作机制，构建数据驱动的多元协同数字经济治理体系。三是强化数据治理，保障数据信息安全；强化政府监管力量和监管力度，对于违反数据安全相关规定的行为，特别是针对侵犯个人隐私、威胁国家安全等数据扩散行为，给予严格的监管；加强数据交易市场监管，打击地下数据交易，建立起数据溯源追踪机制，加大对非法数据交易的查处打击。四是以包容审慎为主基调对诸如人工智能、元宇宙等新兴技术及新业态进行治理和监管。在新事物刚刚萌芽兴起阶段，既要以包容的态度为其发展创造条件，又要充分预判其发展对经济社会带来的潜在威胁，顺势而为，充分发挥其对高质量发展的支撑，并预判存在的潜在问题提前从监管角度做出合理预案。

第十一章 上海：打造数字经济
国际引领性城市

随着数字技术在经济社会各领域的发展渗透，数字经济在城市发展中扮演着越来越重要的角色。一方面，数字经济的快速发展得益于全球城市化进程的推进，城市区域特别是一些大都市区成为数字经济发展最繁荣的地区；另一方面，数字经济也从技术创新、商业创新等诸多角度推动着城市化的发展，不仅为城市发展中日益突出的能源、环境、人口等问题带来新的解决思路和方案，也激发了更多领域的创新活力和发展潜力。一些城市基于在科技、金融、贸易、制造等领域建立起来的发展优势，大力推动数字技术与传统领域的融合创新，成为区域甚至全球的数字创新中心，形成许多具有世界影响力的创新集群，对全球数字创新和经济数字化转型产生了深远影响。对我国来说，以北京、上海、深圳为代表的一线城市不仅承担着引领全国数字经济发展的重任，还要在日趋激烈的全球竞争格局中为国家赢得未来发展的主动权。

从全球来看，近年来数字经济的发展重心逐渐从消费端向供给端转移，制造、金融、交通运输业等产业数字化迎来新的一波增长浪潮，成为数字经济新的增长点。上海作为国内重要的高端制造业中心、金融中心，拥有丰富的产业资源、科教资源和智力资源，在新一轮产业数字化浪潮下迎来重要的发展机遇。《上海市"十四五"规划和二〇三五年远景目标纲要》提出要推动"经济、社会、治理"的全面数字化转型，着力强化全球资源配置、科技创新策源、高端产业引领、开发枢纽门户"四大功能"。产业数字化转型是推动城市全面数字化转型的关键内容，也是落实"四大功能"的重要抓手，对上海建立数字经济发展优势、打造国际数字之都具有重要意义。

一　上海数字经济发展优势与挑战并存

作为长三角城市群的龙头，上海高度重视数字经济的发展，并一直致力于数字社会、数字政府和数字产业集群的建设，在推动产业数字化方面具有四大突出优势。

第一，新型基础设施优势。我国数字经济发展已由消费互联网阶段进入到工业互联网/产业互联网阶段，传统产业特别是制造业企业的全面数字化转型，需要第五代移动通信、工业互联网、大数据中心等新型基础设施提供支撑。上海的网络基础设施、数据中心、计算平台等新型基础设施均处于国内领先水平，在智慧城市建设、网格化治理方面成为全国样板，具有强大的新型基础设施优势。

第二，高端制造产业优势。长三角区域是全国的制造业发展高地，上海作为长三角的龙头，具有雄厚的制造业基础。2015 年上海提出要建设成为具有全球影响力的科技创新中心，先进制造业成为产业发展的重中之重，近年来在智能制造、集成电路、人工智能等领域建立起较强的产业优势。以集成电路产业为例，上海是国内集成电路产业链最完善、产业集中度最高、综合技术能力最强的地区，2019年集成电路产业销售收入超过1700亿元，占我国集成电路产业总销售收入高达22.5%。

第三，营商环境优势。营商环境一直是上海的核心竞争力之一，《2019中国城市营商环境指数评价报告》从软环境和硬环境对100个城市的营商环境进行了研究和评估，上海位列全国营商环境指数首位。产业数字化的发展主要致力于推动传统行业的数字化转型，良好的营商环境有助于中小微企业数字化转型的开展和实施。

第四，行业数字人才优势。数字人才是数字经济发展的核心驱动力，与北京、深圳、杭州等城市相比，上海的数字人才优势主要体现在传统行业领域。清华大学《中国经济的数字化转型：人才与就业》报告显示，上海数字人才在传统行业的占比为56.8%，而北京、深圳、杭州的占比分别为37.9%、32.9%和46.1%。上海在制造、消费品、零售、医疗、教育、金融行业的数字人才占比超过全国前15个城市的平均值，且制造业的数字人才优势最为突出。

"十四五"时期，伴随新一轮科技革命和产业革命的深入发展，全球数字经济发展将向纵深推进，前沿数字技术的创新突破及产业深度融合成为国际竞争的焦点，上海在打造国际竞争优势、全面推动产业数字化发展过程中面临的挑战主要包括以下几个方面：

第一，数字经济领域的基础研究仍然薄弱，成为产业数字化纵深推进的重要掣肘。以制造业为例，制造业的基础研究和技术创新是支撑制造业向高价值链转移的根本，当前先进制造除了面临来自芯片、核心硬件、新材料等基础研究方面的制约，还有一个尚未引起重视的问题——工业制造和数字技术两大研究领域的割裂。人工智能技术作为智能制造的重要支撑，其基础研究优势并未带动工业制造研究的快速发展。工业制造和人工智能在基础研究层面的结合是发展先进制造的根本需求，目前仍面临着来自机制、体制、人才等多方面的制约。

第二，新经济、新业态发展潜能尚未充分释放，上海的数字化治理经验对新业态的支持不足。产业数字化推进过程中会出现各种新业态、新模式，给城市发展带来机遇的同时，也对行业监管和社会治理带来新的挑战。尽管上海在智慧城市和数字化治理方面走在全国前列，但在对新业态的监管上仍比较保守。中国社会科学院数字经济前沿研究课题组针对网约车新就业形态的一项研究显示，从就业规模和就业质量来看，上海在全国主要城市中排名第15，落后于杭州、深圳、北京、成都等地。

第三，对标国际主要创新中心城市，上海仍然面临较大的数字人才缺口，特别是前沿领域数字人才。数字人才的短缺正成为制约产业数字化转型的重要瓶颈，虽然上海在国内具有较强的数字人才优势，但是对标美国旧金山湾区、波士顿、纽约，英国伦敦等城市，传统行业数字人才的数量和比例仍然较低，且人工智能、大数据、区块链和云计算等前沿领域的数字人才相对缺乏。

第四，产业数字化转型需求与劳动力技能结构错配的矛盾将日益显现。近年来，我国数字经济发展面临的一个重要问题是劳动力技能发展跟不上产业数字化转型的需求，而上海作为产业数字化转型的前沿阵地，产业数字化转型需求与劳动力技能结构错配的矛盾更加突出。当前劳动力的技能结构问题主要表现为数字技能的缺乏，而传统教育体系的发展跟不上技术变革的速度，劳动者难以获得技能提升的有效途径。

二　上海深入推进数字经济发展

为了更好地推动科技创新和数字经济发展，将上海打造成为数字经济领域的国际引领性城市，本文提出以下几方面政策建议。

第一，试点改进科研人员的激励结构，以增加从事数字经济基础研究和前沿领域高质量研究的人数。当前的科研评估体系（论文和专利数量）侧重于奖励高数量而非高影响力的研究，这样的绩效评估体系不利于支持基础研究的发展。以促进人工智能基础研究为例，可在部分市属高校试点设立面向前沿基础研究领域的研究工程师岗位，采用不同于传统高校对科研人员的评价机制，引入新的绩效评价指标，如技术同行评议、与工业领域的研发合同数量、前沿领域发明型专利的数量等；设立专项资金，资助高校科研人员和企业研究人员在前沿技术研发和应用方面的合作研究，全面提升工业制造业、生物医药、金融等行业的数字化创新和研发能力。

第二，为新业态和传统业态的发展创造公平的环境，在严守安全底线的前提下给予新业态更多的成长空间。新产业、新业态、新模式等是支撑高质量发展的新动能，监管应坚持包容审慎原则，对于数字经济发展过程中的新事物，在出台相关措施时需要进行充分研究论证，既防止其不良行为，又引导其健康发展。在政策引导和监管上推动传统行业的市场化改革，破除制度壁垒，促进新业态和传统行业的公平竞争。

第三，创新产学研合作模式，促进高等教育机构、职业教育机构和企业的合作，让企业更好地参与到数字人才的培养中。行业内的数字人才往往具有跨界知识背景和行业专属性等特征，是在研发和生产实践中不断成长起来的。因此，加快数字人才的培养，有必要创新合作模式，为有潜质人员创造更多跨界交流合作机会，鼓励企业在培养数字人才中发挥更大的作用。德国西门子公司的做法值得推广，西门子通过建立流动工作室（Workspace）将人工智能人才、制造工程师、研发经理聚集在一起，在交流合作完成研发项目的同时，也培养了一批跨界的高级数字人才。

第四，制订面向全体市民的劳动力技能提升计划，加强中低技能劳动力的职业教育和就业保障，营造终身学习文化。近年来，劳动力技能所表现出的数字鸿沟在欧洲、美国等发达国家受到越来越多的重视，而这一问题在我国尚未引起足够的关注。新加坡政府的做法值得学习借鉴，新加坡教育部2016年成立精深技能发展局，搭建了一个面向全体国民的技能学习平台，邀请企业在平台上发布课程、提供实习信息，并鼓励企业和高校联合开办课程，对于积极参与劳动力技能培训的企业，政府会制定有效的激励措施进行资助和补贴。

第 四 篇

建设更加包容开放的现代社会

第十二章　全球化是经济发展大势

全球化（Globalization）是当今世界最明显的发展趋势之一，也成为世界经济社会发展的重要动力源泉。根据国际基金组织（IMF）的定义，全球化指的是跨国商品与服务贸易及资本流动规模和形式的增加，以及技术的广泛迅速传播带来的各国经济相互依赖性的增强，主要包括贸易和国际往来、资本与投资的流动、人口流动和知识的传播四个方面。全球化以经济全球化为中心，经济全球化的载体为跨国公司，通过贸易全球化和资本全球化，促进了生产要素在全球的自由流动和合理的配置，形成更加高效的产业链。

关于全球化的成因，亚当·斯密在《国富论》中提出了基础性理论即市场经济发展的强大扩张性。亚当·斯密认为，人类具有追求财富的本性和交换的本能，市场规模的扩大是人类实现财富积累和快速发展的先决条件。因此，市场经济发展依赖市场规模的不断扩大以及劳动分工的专业化。而这种市场规模的扩大也会突破国家界限，实现全球市场的一体化。① 对于全球化的形成与发展，卡尔·马克思也曾进行过深刻阐述。在《资本论》中，马克思指出，资本为了获得尽可能多的生产要素以及更加广阔的消费市场，将力求"摧毁交往即交换的一切地方限制，征服整个地球作为市场"②。在马克思看来，经济全球化是世界历史发展的必然结果。全球化是资产阶级对生产力，从而对生产关系和全部社会关系进行不断革命的结果，通过挖掉古老的民族工业基础将一切国家的生产和消费都变为了世界性的生产和消费。

全球化思想源远流长，实践历史悠久。公元前 2 世纪，汉武帝派张骞出使西域开辟以长安为起点，经甘肃、新疆，到中亚、西亚，并连接地中海各国的"丝绸之路"，为古代东西方之间经济、文化交流做出了重要贡献。15 世纪末，来自欧洲的探索者意外地发现美洲新大陆，将东西方连接起来，西方国家凭借巧取豪夺、强权占领，建立起殖民扩张的全球化经济体系。

而现代意义上的全球化，始于 20 世纪后半程。美苏冷战结束后，两大阵营对立的局面不复存在，各国相互依存大幅加强。1994 年，在摩洛哥举行的关贸总协定乌拉圭回合部长会议，决定成立全球性的世界贸易组织（World Trade Organization，WTO）。全球化快速发展，越来越多的国家从中获益。与此同时，以互联网为代表的信息技术发展日新月异。全球化在新的领域以新的形式加速推进，把各国经济和各国人民更加紧密地联系在一起，商品、资本、信息、人才等在全球

---

① 金碚：《论经济全球化 3.0 时代——兼论"一带一路"的互通观念》，《中国工业经济》2016 年第 1 期。

② 卡尔·马克思：《资本论》（第 3 卷），人民出版社 2004 年版，第 499 页。

更加广泛频繁流动。①

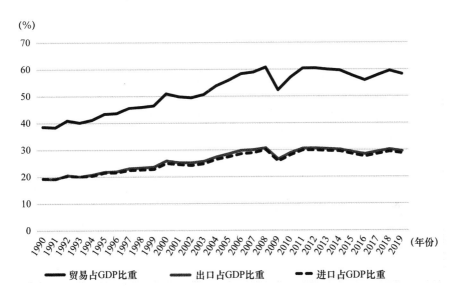

图 12.1　全球贸易与进出口占 GDP 比重状况

经济全球化促成了贸易大繁荣和人员大流动。世界银行数据（图 12.1）显示，1990—2019 年，全球贸易占 GDP 比重从 38.6% 增长至 58.2%，全球出口占 GDP 比重从 19.2% 增加至 29.5%，全球进口占 GDP 比重从 19.4% 增长至 28.8%。

此外，经济全球化浪潮也带动了劳动力要素的全球化流动。世界银行数据（图 12.2）显示，1990 年，全球约有 1.5 亿国际移民实现了跨国移动，占全球总人口的 2.9%；至 2015 年，国际移民规模超过 2.4 亿人，占全球总人口的 3.4%。

———————————

① 张宇燕：《理解百年未有之大变局》，《国际经济评论》2019 年第 5 期。

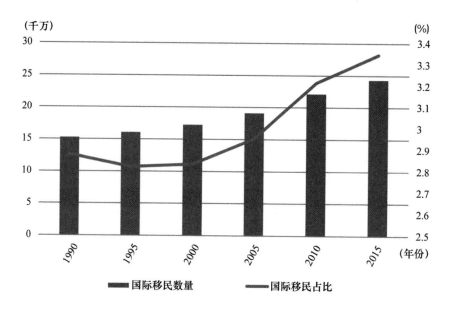

图 12.2　全球国际移民数量及其占比

　　然而，全球化并非一帆风顺，反全球化思潮周期性出现。特别是，2008 年国际金融危机爆发以来，世界经济持续低迷，"逆全球化"思潮暗流涌动。2016 年，以英国脱欧、右翼民粹主义者特朗普当选美国总统为标志，逆全球化思潮在西方国家已呈泛滥之势，全球化发展遭遇巨大阻力。逆全球化是全球化过程中问题的反映，其中利益分配不均与贫富差距悬殊问题尤为突出。一方面，全球化加剧国际两极分化。发达资本主义国家凭借早发优势积累了雄厚的经济、政治、科技、军事力量，掌握着国际经贸组织的主导权以及国际经济规则的制定权，并用这种权力为其在全球化发展中谋利，限制发展中国家的发展。其结果是，经济全球化越发展，南北差距越大，世界经济发展越不平衡，一些技术经济条件比较差的发展中国家被边缘化；另一方面，全球化也会造成国内两极分化。全球化为富裕阶层提供了更多的投资与就业机会，使其"赢家通吃"，更加富有；而对于劳动阶层和中下阶层的民众而言，全球化伴随的劳动力转移会使其丧失工作机会，提高其生活成本。

"中国今天走向现代化面临的全球化，是百年未有之大变局，其开放程度和复杂性都前所未有"[1]。以1978年党的十一届三中全会召开为标志，中国开启了改革开放的历史进程。2001年，中国加入世界贸易组织，加快了对外开放的步伐。改革开放40年来，中国充分运用经济全球化带来的机遇，不断扩大对外开放，取得了巨大的发展成就。经过改革开放40多年的发展，中国经济总量稳居世界第二。

一方面，中国的快速发展得益于全球化。改革开放以来，尤其是中国加入世界贸易组织以来，进出口成为拉动中国经济增长的主要引擎。世界银行数据（图12.3）显示，2006年进出口占中国GDP比重分别高达28.4%、36.1%。同时，改革开放以来，我国投资环境不断改善，吸引外商直接投资经历了从无到有、由小到大的过程，外商直接投资快速增长，居世界位次大幅提升。中国成为对外资最具吸引力的投资目的地之一。

另一方面，世界的繁荣也需要中国。国家统计局数据显示，2013—2018年，中国对世界经济增长的年均贡献率为28.1%，居世界第1位。自2006年以来，中国对世界经济增长的贡献率稳居世界第1位，是世界经济增长的第一引擎。[2] 中国具有熟练普通劳动力、

---

① 李培林：《中国式现代化的特色和新发展社会学》，《社会科学报》2021年11月17日。
② 国家统计局，《国家统计局发布改革开放40年经济社会发展成就报告中国实现历史性跨越》，http://www.gov.cn/xinwen/2018-08/29/content_5317294.htm。

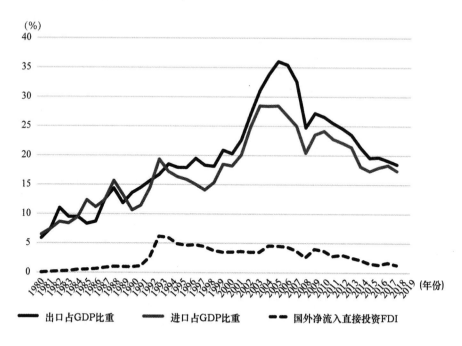

图12.3 中国进出口和国外净流入直接投资占GDP比重状况

良好的基础设施以及完善的制造业体系优势，在全球价值链中承担了大量的产品制造分工，为优化全球生产要素配置做出了巨大贡献。①

　　同时，作为世界上最大的发展中国家和负责任大国，中国始终维护多边主义和自由贸易，为推动世界经济增长、推进全球化贡献中国力量。中国自2001年加入世界贸易组织以来，始终尊重其基本原则与核心价值，遵守相关规则，成为世界经济增长的主要稳定器和动力源。中国始终坚定维护以联合国为核心的国际体系，坚定维护以《联合国宪章》宗旨和原则为基石的国际关系基本准则，坚定维护联合国权威和地位，坚定维护联合国在国际事务中的核心作用。

①　李大伟：《中国对世界经济增长贡献巨大》，《经济日报》2019年7月29日。

当今世界正在经历百年未有之大变局。2008 年国际金融危机发生后，随着逆全球化和霸权主义、强权政治的抬头，国际社会面临的挑战与日俱增。世界经济增长动能不足，贫富分化日益严重，地区热点问题此起彼伏，恐怖主义、网络安全、重大传染性疾病、气候变化等非传统安全威胁持续蔓延，人类面临许多共同挑战。一些国家保护主义、单边主义、民粹主义盛行，现行国际秩序开始进入一个瓦解与重建期。[①] 新冠肺炎疫情对世界经济造成严重冲击，并逐渐向国际政治、安全、社会等领域传导，成为推动百年大变局演变的催化剂。

习近平总书记着眼于世界百年未有之大变局，提出构建人类命运共同体重要思想。2013 年，习近平总书记在莫斯科国际关系学院发表演讲时首次提出人类命运共同体理念，指出，"这个世界，各国相互联系、相互依存的程度空前加深，人类生活在同一个地球村里，生活在历史和现实交汇的同一个时空里，越来越成为你中有我、我中有你的命运共同体"[②]。人类命运共同体理念是中国在新时代向国际社会贡献的全球治理新方案。

---

① 张宇燕：《理解百年未有之大变局》，《国际经济评论》2019 年第 5 期。

② 新华社：《顺应时代前进潮流 促进世界和平发展——习近平在莫斯科国际关系学院的演讲》，2013 年 3 月 24 日，http：//www. gov. cn/ldhd/2013 – 03/24/content_ 2360829. htm。

第十三章 国际包容度提升是融入 全球化的社会基础

2020 年 7 月，习近平总书记在企业家座谈会上指出，"中国开放的大门不会关闭，只会越开越大。以国内大循环为主体，绝不是关起门来封闭运行，而是通过发挥内需潜力，使国内市场和国际市场更好联通，更好利用国际国内两个市场、两种资源，实现更加强劲可持续的发展。从长远看，经济全球化仍是历史潮流，各国分工合作、互利共赢是长期趋势。我们要站在历史正确的一边，坚持深化改革、扩大开放，加强科技领域开放合作，推动建设开放型世界经济，推动构建人类命运共同体"①。《中共中央关于制定国民经济和社会发展第十四个五年规划和二〇三五年远景目标的建议》提出，"加快构建以国内大循环为主体、国内国际双循环相互促进的新发展格局"，"促进国内国际双循环。立足国内大循环，发挥比较优势，协同推进强大国内市场和贸易强国建设，以国内大循环吸引全球资源要素，充分利用国内

---

① 习近平：《在企业家座谈会上的讲话》，人民出版社 2020 年版。

国际两个市场两种资源，积极促进内需和外需、进口和出口、引进外资和对外投资协调发展，促进国际收支基本平衡"①。世界百年未有之大变局中，中国具有维护全球化的坚定决心。中国始终坚持对外开放的基本国策，维护多边主义和自由贸易，促进世界各国加强合作，互利共赢，为推动全球化贡献中国力量。这也预示着全球化相关议题在我国社会治理中的重要性将更加凸显。

2020 年，党的十九届五中全会提出，全面建成小康社会、实现第一个百年奋斗目标之后，我们要乘势而上开启全面建设社会主义现代化国家新征程、向第二个百年奋斗目标进军，这标志着我国进入了一个新发展阶段。我国已经拥有开启新征程、实现新的更高目标的雄厚物质基础。经过中华人民共和国成立以来特别是改革开放 40 多年的不懈奋斗，到"十三五"规划收官之时，我国经济实力、科技实力、综合国力和人民生活水平跃上了新的大台阶，成为世界第二大经济体、第一大工业国、第一大货物贸易国、第一大外汇储备国，国内生产总值超过 100 万亿元，人均国内生产总值超过 1 万美元，城镇化率超过 60%，中等收入群体超过 4 亿人。特别是全面建成小康社会取得了伟大的历史成果，解决困扰中华民族几千年的绝对贫困问题取得历史性成就。这在我国社会主义现代化建设进程中具有里程碑意义，为我国进入新发展阶段、朝着第二个百年奋斗目标进军奠定了坚实基础。

新征程，党的十九届五中全会通过的《中共中央关于制定国民经

① 《中共中央关于制定国民经济和社会发展第十四个五年规划和二〇三五年远景目标的建议》，《人民日报》2020 年 11 月 4 日第 1 版。

济和社会发展第十四个五年规划和二〇三五年远景目标的建议》明确提出，要加快构建以国内大循环为主体、国内国际双循环相互促进的新发展格局。这是以习近平同志为核心的党中央根据我国发展阶段、环境、条件变化，审时度势作出的重大决策，是重塑我国国际合作和竞争新优势的战略抉择，是事关全局的系统性深层次变革，是着眼于我国长远发展和长治久安作出的重大战略部署。当今世界正经历百年未有之大变局，我国即将进入向第二个百年奋斗目标进军的新发展阶段，国内发展条件也在深刻变化，以畅通国民经济循环为主构建新发展格局，是对"十四五"时期乃至更长时期我国经济发展战略和路径作出的重大调整完善。

这体现了中国今后加快融入全球化，建设具有国际包容性社会的决心，预示着提升城市国际包容性相关议题在社会治理中的重要性将更加凸显。此外，我国的地方政府相继出台的城市规划也都提出了服务新发展格局的发展目标。上海市"十四五"规划提出，"放在经济全球化的大背景下来谋划和推动，在开放潮流中坚定不移融入世界，为我国深度参与引领全球经济治理做出应有贡献；放在全国发展的大格局中来谋划和推动，把握打造国内大循环的中心节点、国内国际双循环的战略链接的定位要求，充分发挥人才富集、科技水平高、制造业发达、产业链供应链基础好和市场潜力大等优势，更加主动服务全国构建新发展格局"，并明确"到 2035 年基本建成具有世界影响力的社会主义现代化国际大都市"。如何建设具有国际包容性的城市，助推上海服务新发展格局，迫切需要各个领域的研究者从不同视角开展深入研究，为政府决策提供建议参考。

国际包容性的概念来自社会包容性。社会包容性是衡量社会质量和社会凝聚力的重要指标，其核心理念是尊重不同群体的差异性，和而不同、相互尊重，在现代法理的指引下，建立一种协商和沟通机制，使每个人都被尊重，都有机会参与社会进程。[①] 社会包容性的对立面是社会排斥，即指少数或弱势群体被排斥在政治、经济、文化发展的社会进程之外，难以融入主流社会。社会包容性研究主要关注贫困人口、女性、农民工、国际移民等少数或弱势群体。[②] 我们关注的是全球化背景下，城市居民对国际移民的社会包容度等国际包容性城市议题。

---

① 葛道顺：《包容性社会发展：从理念到政策》，《社会发展研究》2014 年第 3 期。
② 聂伟：《社会包容与农民工市民化研究》，《社会科学辑刊》2018 年第 6 期。

第十四章　上海：奠定建设国际包容度
大都市的经济和社会基础

一　上海建设国际包容度大都市的基础

上海是中华人民共和国省级行政区、直辖市、国家中心城市、超大城市，中国国际经济、金融、贸易、航运、科技创新中心。中华人民共和国成立70多年来，特别是改革开放40多年来，上海发生了天翻地覆的变化，探索走出了一条具有中国特色、时代特征、上海特点的超大城市发展新路，这奠定了上海建设国际包容度大都市的基础。

首先，上海市仍具有"人口红利"，消费市场潜力巨大。第七次全国人口普查数据显示，上海市总人口24870895人，占全国人口的1.76%；在年龄构成方面，0—14岁占比9.80%，15—59岁占比66.82%，60岁及以上占比23.38%；在受教育方面，每10万人口中拥有大学（大专及以上）教育程度的为33872人，高中（含中专）教育程度的为19020人，初中教育程度的为28935人，小学教育程度的为11929人。

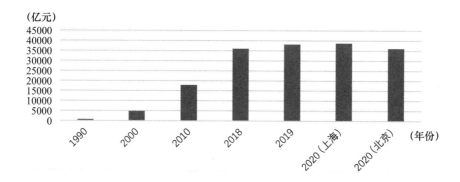

图 14.1 上海市国民生产总值

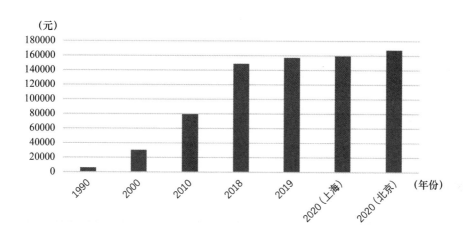

图 14.2 上海市人均国民生产总值

其次，上海市是中国经济社会综合实力最强的城市之一。改革开放以来，上海综合经济实力持续增强。1949—2019 年，上海的 GDP 从 30 多亿元跃升到 32700 多亿元，人均 GDP 从 80 美元到超过 2 万美元，达到中上等发达国家水平；上海经济结构不断优化，上海从单一的公有制经济逐步转向国资、民资、外资"三足鼎立"，现代服务业为主体、战略性新兴产业为引领、先进制造业为支撑的现代产业体系初步形成，第三产业占 GDP 的比重从 1978 年的 18% 提高到 2019 年的 70% 左右。

最后，目前上海已经形成高水平的开放格局。改革开放以来，上海累计实到外资 2400 多亿美元。现有跨国公司地区总部 687 家、外资研发中心 448 家，是我国内地外资总部型机构最多的城市。"走出去"网络遍及全球 178 个国家和地区，"一带一路"建设成为上海对外经贸合作的新机遇和新空间。上海在全球金融中心指数排名位列第五，口岸货物贸易进出口总额占全国的 27.9%、全球的 3.4%，居世界城市首位。国际集装箱吞吐量连续 9 年居世界第一，货邮和航空旅客吞吐量分别位居世界前列。2018 年，全社会研发经费支出相当于全市生产总值的比例为 4%，每万人口发明专利拥有量达到 47.5 件，技术合同成交额超过 1300 亿元。

二　上海国际包容度现状分析：宏观指标测量

上海市商务委员会 2018 年 11 月 20 日发布的最新统计数据显示：截至今年 10 月底，改革开放 40 年以来上海累计引进外资项目 9.5 万个，实到外资 2376 亿美元。外资企业成为上海持续扩大开放的重要参与者、受益者和贡献者。自 1987 年上海实施外资统计以来，累计实到外资用了 18 年突破 500 亿美元，之后用了 6 年突破 1000 亿美元，而实到外资突破 1500 亿美元和 2000 亿美元，则分别仅用了 3 年。①

2018 年 11 月 20 日公布的 2017 年度上海百强外资企业显示，上

---

① 《上海：改革开放 40 年累计引进外资项目 9.5 万个》，新华社，2018 年 11 月 21 日。

海百强外资企业综合实力持续提升，营业收入合计近 2.94 万亿元人民币，比上一年上升了 18.8%；进出口总额合计 1699 亿美元，比上一年上升了 9.83%。①

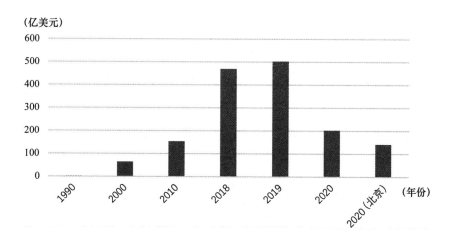

图 14.3　上海市外商直接投资状况

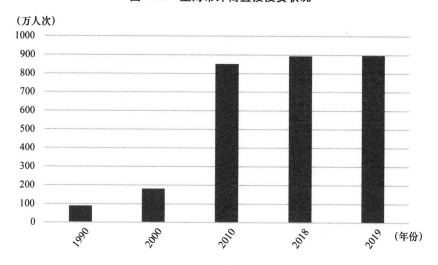

图 14.4　上海市国际旅游入境人数

---

① 《上海：改革开放 40 年累计引进外资项目 9.5 万个》，新华社，2018 年 11 月 21 日。

将上海的城市表现和纽约、伦敦、巴黎、东京、新加坡和中国香港等其他国际文化都市相比,总体而言,与纽约、伦敦、巴黎相比,差距较大;和东京相比,相差 8 个百分点;和新加坡相比,差值为 0;和中国香港相比,上海已大幅超越。

三　上海国际包容度现状分析:微观指标

1. 上海市民国际包容度现状

新时代特大城市居民生活状况调查数据,采用国际包容度量表(最高分 6 分;最低分 −6 分)测量了上海和北京各 1000 户居民国际包容度水平。数据显示,上海市居民国际包容度平均得分仅为 0.58 分,北京市居民国际包容度平均得分为为 0.57 分,与上海基本持平。两地居民国际包容度平均得分都远低于最高分。

年轻世代上海市民的国际包容度得分高于年长世代。分析表明,"90 后"群体国际包容度平均得分为 2.10,"80 后"群体国际包容度平均得分为 1.08,"70 后"群体国际包容度平均得分为 0.48,而在"60 后"和"50 后"中这一得分则分别为 −0.15 和 −0.08。这种世代差异可能是因为年轻一代更容易接触到外国人和国外文化而产生的效果。

学历越高的市民国际包容度得分越高。数据显示,本科及以上学历市民国际包容度的平均得分为 1.26,高于平均值(0.58 分),而高中及以下学历市民国际包容度的平均得分仅为 0.07,低于平均值。

2. 上海私营企业家国际包容度现状

中国社会科学院中国私营企业调查对我国私营企业家国际包容度状况进行了调查。该调查由中央统战部、全国工商联、市场监管总局、中国社会科学院等单位主持，依托各省（区、市）工商联和工商局力量，在全国范围内开展，其中涉及 781 家上海注册民营企业。

上海私营企业家普遍支持国家进一步对外开放。数据显示，62.36% 的上海企业家对"中国要进一步扩大高水平对外开放"表示赞同，仅 1.79% 的受访者不赞同这一说法。但关于这一问题的回答中有 36% 左右的受访者表示"不好说"。这显示在当前国际单边主义和民粹主义抬头背景下，企业家对今后参与国际经济合作的信心不足。

高学历企业家对外开放意识更强。66.39% 的硕士学历企业家同意"中国要进一步扩大高水平对外开放"，63.33% 的本科学历企业主认同这一说法。而与此相比，初中学历企业主"同意"这一说法的比例仅为 50%。

从事外向型和科技型行业企业家对外开放意识更强，原因可以理解为企业家的自我利益考量。数据显示，75% 的制造业企业家认为"中国要进一步扩大高水平对外开放"。但在建筑业和房地产这些主要面向国内消费者的行业中，支持"中国要进一步扩大高水平对外开放"的比例仅为 59%，不同行业企业家对外开放意识差异明显。这可能是企业家的自我利益考量。例如，制造业为外向型行业需要通过对外开放扩大市场。

提升国际包容度并不会降低企业家的制度认同感。数据显示，在认为"中国要进一步扩大高水平对外开放"的企业家中，认为"世界上有比我们国家更先进的政治制度"的比例为 22.13%。与此相比，不支持"中国要进一步扩大高水平对外开放"的企业家中，其比例为 23.7%，两者并不存在显著的差异。这说明提升企业家国际包容度并不会降低其制度认同感。

第十五章　上海：在国际包容度提升中服务新发展格局

全球化是生产力发展的客观要求，已成为不可逆转的大势。"中国今天走向现代化面临的全球化，是百年未有之大变局，其开放程度和复杂性都前所未有"①。党的十一届三中全会以来，尤其是中国加入世界贸易组织以来，中国充分运用经济全球化带来的机遇，不断扩大对外开放，取得了巨大的发展成就。改革开放后，中国在短期内实现了从高度集中的计划经济体制向社会主义市场经济体制的转变，从农业社会、乡村社会、传统社会向工业社会、城镇社会、现代社会的转变。② 同时，随着中国经济社会快速发展，综合国力不断提升，中国正成为越来越有吸引力的移民目的地国。2018 年在中国境内工作的国际移民已经超过 95 万人。③ 中国也是国际留学生的主要目的地之一，2018 年中国有近 50 万来华留学生，仅次于美国，成为吸引海外

① 李培林：《中国式现代化的特色和新发展社会学》，《社会科学报》2021 年 11 月 17 日。
② 李培林：《中国式现代化的特色和新发展社会学》，《社会科学报》2021 年 11 月 17 日。
③ 王辉耀、苗绿：《中国国际移民报告 2018》，社会科学文献出版社 2018 年版。

留学生的新极点。①

那么我们又需要什么样的全球化呢？全球化及其后果引起了学者们的普遍关注和高度重视，并形成了一些具有全球影响性的学术思想。其中以冷战结束后世界秩序建设的思考最具有代表性。1989 年，日裔美籍政治学家弗朗西斯·福山在《国家利益》上发表《历史的终结?》一文，提出"人类意识形态演进的终点和作为人类最后的政府形式的西方自由民主的普遍化"，构成"历史的终结"学说。② 1993 年，美国政治学家塞缪尔·亨廷顿提出"文明冲突论"③。他认为，世界文明存在七个文明圈，文明方面的冲突将是未来世界和平的最大威胁，需要建立以文明为基础的世界新秩序，以避免世界战争。同时代，中国学者费孝通则提出更符合人类迈向美好世界大趋势的"美美与共"的世界秩序。费孝通认为，人们应该在欣赏本民族文明的同时，也能欣赏、尊重其他民族的文明，地球上不同民族、不同国家之间需要达到一种"和而不同"的文明共处方式。④

百年未有之大变局下，世界多极化、经济全球化、文化多样化深入发展，世界人民的命运从未像今天这样紧密相连；与此同时，中国也正站在"两个百年"目标的交汇点上，正在经历的社会转型与全球现代性危机及价值多元化紧密关联。而人类现代性的发展进入了一个

---

① 新华社：《教育部：2018 年近 50 万名各类外国留学生在我国高等院校学习》，2019 年 4 月 12 日。

② 弗朗西斯·福山：《政治秩序与政治衰败：从工业革命到民主全球化》，毛俊杰译，广西师范大学出版社 2015 年版。

③ 亨廷顿·塞缪尔：《文明的冲突与世界秩序的重建》，周琪等译，新华出版社 2010 年版。

④ 费孝通：《"美美与共"和人类文明》，《费孝通论文化自觉》，内蒙古人民出版社 2009 年版；费孝通：《美好社会学与美美与共：费孝通对现时代的思考》，生活·读书·新知三联书店 2019 年版。

高度风险社会，风险作为一种重组社会结构的力量也已经出现，其与物质财富分配机制和其他力量一起共同推动中国社会结构的复杂走向。中国正在致力于建设"人类命运共同体"，超越国际关系中的零和博弈思维，树立命运与共的新视角、合作共赢的新理念，为人类社会共同发展、持续繁荣、长治久安绘制蓝图。本章基于既有理论和使用国内、国际数据，关于全球化背景下国际移民、国际包容度和民族国家的国家认同状况及其影响因素的分析，认为中国在积极融入全球化的过程中需要注意以下问题：

一　完善国际移民治理体系

一方面，需要循序渐进推进国际移民政策体系建设，避免产生外国人"超国民"待遇。综观全球，任何国家的移民政策都必须基于自身国情。中国尚处于社会主义初级阶段，也不属于移民国家，国内仍然存在城乡户籍壁垒、高学历人才难以在一线城市落户等诸多难题。因此，过分借鉴发达移民国家的移民政策和福利制度会造成外国人超国民待遇移民政策，伤害中国民众感情。此外，根据社会心理学的研究，[①] 享受超国民待遇的外国人可能并不会提升对中国的好感度。中国的国际移民政策应立足中国仍处于社会主义初级阶段、属于非移民国家的国情，以主要接受高学历、高技能移民为移民标准而制定。

另一方面，在中国经济社会快速发展的背景下，大量国际移民进

---

① Allport, Gordon W. , *The Nature of Prejudice*, Cambridge: Addison Wesley Publishing Company, 1954.

入中国，来华国际移民呈现出来源广泛、身份复杂、层次多样、流动性高、异质性强等特点。同时，入境我国的非法国际移民的数量与规模也与日俱增，对我国社会、政治和公共服务系统都提出了巨大挑战。非法移民们往往因为身份问题无法获得正式的工作、取得合法收入养家糊口，所以铤而走险实施违法犯罪行为成为不少非法移民的选择。因此，需要发挥国家治理、区域治理和国际治理的互补性，三者结合治理我国非法国际移民的问题。随着贸易自由化和资本全球流动给各国带来的红利不再突出，全球各类高端化和国际化人才竞争日趋激烈。吸引国际人才来华工作需要社会以包容开放的姿态看待国际移民和全球化现象。

二 提升国家认同感

当前，国际移民形成的多元化文化环境与民族国家重视单一民族认同的冲突问题日益凸显。亨廷顿曾从文明冲突的角度阐述了移民增加对民族国家国家认同感的侵蚀。[①] 他提出，如果来自其他文明的国际移民继续坚持和宣扬自己原有社会的价值观、习俗和文化，形成多元化文化氛围，就可能造成美国的分裂。这是西方文明的重要挑战之一。国际移民是全球化的重要因素，国际移民的增加会提升民族国家的文化多元化；但是共同的语言、文化、传统和历史形成的民族单一文化认同又被认为是民族国家的基础，国际移民形成的多元化文化环境

---

① 亨廷顿·塞缪尔：《谁是美国人？——美国国民特性面临的挑战》，程克雄译，新华出版社 2010 年版。

将会对这一基础造成冲击，由此产生明显冲突。全球化带来的多元文化给民族国家的民族认同带来重大挑战，民族国家的体制甚至会随多民族国家体制发生变化。而这一冲突在非移民国家中表现得尤为明显。作为非移民国家的中国，在接受国际移民、提升国际包容度的同时，也不应忽视维持我国民众的国家认同。目前全球范围内正经历着普遍而激烈的价值观冲突，全球化时代，面对诸如"历史终结论"等企图吞并其他文明的西方发展理念，提升我国民众国家认同的重要性也更加凸显。

三　弘扬企业家精神，鼓励企业
勇于创新，积极参与国际合作

当今世界正经历百年未有之大变局，新一轮科技和产业革命深入发展。习近平总书记指出，创新是引领发展的第一动力。自主创新是企业的生命，是企业爬坡过坎、发展壮大的根本。在当前国内外环境发生深刻变化的大背景下，提高企业创新能力既是改善企业生产经营、增强企业市场竞争力的重要手段，也是加快形成新发展格局的重要举措。一方面，应鼓励企业尤其是中小微企业利用"互联网＋"、云计算、大数据等新一代信息技术对自身进行改造，从而实现对高端技术的深度开发与有效运用，提升生产组织创新、技术创新、市场创新能力，大幅度提升在产品生产、加工、运营管理、业态创新等方面的水平和质量；另一方面，重大技术突破普遍具有技术难度大、复杂性高、研发投入大、研发时间长的特点，需要统筹产学研等多方力量，普通民营企业很难具有如此协调能力和号召力。对此，需要从国

家层面统筹推进帮助私营企业打通产学研深度融合的创新机制。例如,通过民营企业与大学、研究机构的深度合作,以学带研、以研带产、以产促企业发展,形成产学研企互促互进的良性循环,为企业创新打造人才技术的有力支撑。

第 五 篇

建设更具竞争力的现代化城市

第十六章　上海的城市竞争力现状分析

　　2021 年，上海市统筹推进疫情防控和经济社会发展工作，全市经济运行在抗疫情中体现韧性，社会民生在补短板中持续改善，奋力夺取了疫情防控和经济社会发展双胜利。2021 年上海的地区生产总值（GDP）为 43214.85 亿元，比 2020 年增长 8.1%，两年平均增长 4.8%。其中，第一产业增加值 99.97 亿元，下降 6.5%；第二产业增加值 11449.32 亿元，增长 9.4%；第三产业增加值 31665.56 亿元，增长 7.6%。第三产业增加值占地区生产总值的比重为 73.3%。[①] 第七次人口普查数据显示，上海全市常住人口 24870895 人，与第六次人口普查数据相比，年平均增长率 0.8%，常住人口城镇化率达 89.3%[②]。

　　① 上海统计局：《2021 年上海市国民经济和社会发展统计公报》，https：//m. thepaper. cn/baijiahao_ 17122850。

　　② 上海统计局：《上海市第七次全国人口普查主要数据情况》，https：//sghexport. shob-server. com/html/baijiahao/2021/05/18/436371. html。

一　上海综合经济竞争力稳居全国第一

　　2021 年，上海经济竞争力排名由 2020 年的全国第 3 位提升至全国第 1 位，超越了同处第一梯队的深圳和香港。[①] 过去几年来上海经济竞争力指数稳步提升，与深圳和香港的差距逐步缩小，最终在 2021年实现了超越。从经济竞争力表现的变化看，上海经济密度由 2015年的全国第 6 位提升一位至 2021 年的第 5 位，经济增量由 2015 年全国第 2 位上升至 2021 年全国第 1 位。2021 年上海经济竞争力提升至全国首位的主要原因在于其经济增量竞争力方面的领先优势进一步扩大，且其经济密度竞争力仍然保持全国前列。

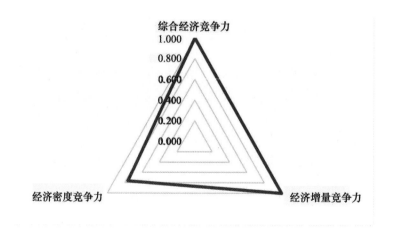

图 16.1　2021 年上海经济竞争力指数雷达图

资料来源：中国社会科学院城市与竞争力指数数据库。

　　[①]　倪鹏飞、徐海东：《中国城市竞争力报告 NO. 19》，中国社会科学出版社 2021 年版。

二　经济竞争力各项解释性指标全面领先

2021 年上海经济竞争力各分项解释性指标的排名均位于全国前三，具有全方位优势，营商硬环境和全球联系继续保持全国首位，生活环境提升明显，从 2020 年的第 6 位迅速提升至 2021 年的第 2 位。具体来看，当地要素方面，青年人才占比指标仍然是上海的相对短板，剩余融资便利度、论文和专利指数、劳动力数量等指标上海均处于全国前三的顶尖水平；生活环境方面，高昂的居住成本是上海生活环境排名较低的最主要原因；营商软环境方面，开放度、产权保护、大学指数和经商便利度等方面均居全国前五；营商硬环境方面，上海的交通便利度指数虽不高，但航运便利度居全国首位，优势明显；全球联系方面，上海各项指标均位于全国前三，具有全方位的领先优势。

表 16.1　　　　　　　　　　上海经济竞争力分析指标排名

当地要素		生活环境		营商软环境		营商硬环境		全球联系	
指数	排名	指数	排名	指数	排名	指数	排名	指数	排名
0.913	2	0.974	2	0.940	3	1.000	1	1.000	1

资料来源：中国社会科学院城市与竞争力指数数据库。

三　可持续竞争力表现持续较好

2021 年上海可持续竞争力指数为 0.791，排名全国第 4，与 2020

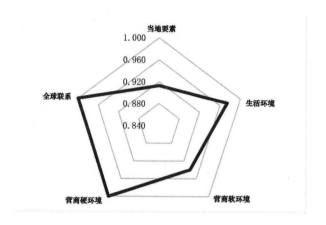

图 16.2 2021 年上海经济竞争力二级指标雷达图

资料来源：中国社会科学院城市与竞争力指数数据库。

年相比没有变化。与 2015 年相比，上海可持续竞争力指数由 0.740 提升至 2021 年的 0.791，均为全国第 4。分项来看，2020—2021 年，高收入人口增量和高收入人口密度两项指标的指数都有所上升，但上海高收入人口增量排名从第 4 位下降至第 5 位，高收入人口密度没有变化。[1]

四 科技创新优势显著，环境韧性提升迅速

从各分项解释性指标来看，可持续竞争力的 5 个分项指标中，社会包容和全球联系指标是上海可持续竞争力的相对优势，其次是科技创新、经济活力，最后是环境韧性。从下表具体来看，5 个分项指标

---

[1] 倪鹏飞、徐海东：《中国城市竞争力报告 NO.19》，中国社会科学出版社 2021 年版。

中仅有环境韧性排名跌出全国前五，其中社会包容和全球联系位居全国第1，是上海可持续竞争力的主要优势；科技创新指数0.892，排名第2；经济活力指数0.879，排名第4；环境韧性指数仅为0.699，排名全国第7，稍显欠缺，但也是上海可持续发展进一步提升的突破点。从纵向变化来看，与2020年相比，环境韧性和社会包容指标排名均取得了大幅度的提高。其中，环境韧性指标排名由2020年的第15位提高到第7位，排名净增加值为+8，相应的指数由0.663提升至0.699；社会包容指标排名更是由2020年的第13位提高到第1位，排名净增加值为+12，相应的指数由0.874提升至1.000，体现出上海在环境韧性和社会包容方面所做出的巨大努力与杰出效果。

表16.2　　　　　　　　上海可持续竞争力分项指标排名

经济活力		环境韧性		社会包容		科技创新		全球联系	
指数	排名	指数	排名	指数	排名	指数	排名	指数	排名
0.879	4	0.699	7	1.000	1	0.892	2	1.000	1

资料来源：中国社会科学院城市与竞争力指数数据库。

第十七章　上海经济发展对标情景模拟

迈向 2035 年，上海要想在世界城市之林中占据领导地位，其经济发展水平必须要超过发达城市。为此，本部分接下来就从 GDP 和人均 GDP 角度对上海与全球主要城市，如纽约、东京、伦敦、巴黎、北京、深圳、新加坡未来的发展情况进行模拟。此处选择 GDP 和人均 GDP 作为预测指标的原因在于，虽然衡量一个国家宏观经济指标的变量有很多，如消费、金融、财政、工业增加值等，但最终均落实到 GDP 和人均 GDP 上，这是了解和把握一个国家或地区的宏观经济运行状况的有效工具。

一　未来 GDP 变化情景模拟

首先，从 GDP 角度按照当前汇率对上海与对标城市未来发展的情况进行模拟分析。具体而言，根据经济学人 EIU 全球城市数据库：2021 年纽约的 GDP 为 11029.52 亿美元，东京的 GDP 为 10295.77 亿美元，上海的 GDP 为 6698 亿美元，伦敦的 GDP 为 6663.75 亿美元，巴黎的 GDP 为 6594.77 亿美元，北京的 GDP 为 6241.54 亿美元，深圳的 GDP 为 4752.8 亿美元，新加坡的 GDP 为 3658.4 亿美元。[①] 考虑到只有纽约和东京的 GDP 要高于上海，从 GDP 角度来看，这两个城市可以作为上海的追赶城市，在后续模拟中本部分模拟在 2035 年上海要想在经济总量上超过这两个城市必须达到的一定增长率。其他城市伦敦、巴黎、北京、深圳、新加坡的 GDP 都要低于上海，从而本部分模拟在不同的增长率条件下，上海的 GDP 是这几个城市的倍数。具体而言：

表 17.1 表示纽约的 GDP 在以一定的经济增长率进行增长时，上海要想在特定年份实现 GDP 超越所必须要达到的经济增长率，即模拟纽约的经济增长率在 0.5%、1%、1.5%、2%、2.5%、3%、3.5%、4%、4.5%、5%、5.5%、6% 等条件下，上海在 2024—2050 年想要超过纽约所必须具备的年均增长率。具体来看，若纽约的 GDP 以年均 2% 的增长率进行增长，上海想要在 2030 年经济总量超过纽约，其经济增长率必须达到年均 7.9%；若上海想要在 2035 年经济总量超过纽约，其经济增长率必须达到年均 5.7%。若纽约以年均 3% 的经济增长率进行增长，这对上海的经济增长率要求则更大，若上海想要在 2035 年实现经济赶超，其年经济增长率必须达到 6.8%。其他情形，以此类推。

---

① 数据来源：经济学人 EIU 全球城市数据库、中国社会科学院城市与竞争力指数数据库。

表17.1　上海具体年度对纽约有一定增长率实现追赶的所具有的增长率

<table>
<tr><td rowspan="2" colspan="2"></td><td colspan="12">纽约模拟增长率</td></tr>
<tr><td>年份</td><td>0.005</td><td>0.010</td><td>0.015</td><td>0.020</td><td>0.025</td><td>0.030</td><td>0.035</td><td>0.040</td><td>0.045</td><td>0.050</td><td>0.055</td><td>0.060</td></tr>
<tr><td rowspan="27">上海模拟增长率</td><td>2024</td><td>0.187</td><td>0.193</td><td>0.199</td><td></td><td></td><td></td><td></td><td></td><td></td><td></td><td></td><td></td></tr>
<tr><td>2025</td><td>0.139</td><td>0.145</td><td>0.150</td><td>0.156</td><td>0.162</td><td>0.167</td><td>0.173</td><td>0.179</td><td>0.184</td><td>0.190</td><td>0.196</td><td></td></tr>
<tr><td>2026</td><td>0.111</td><td>0.116</td><td>0.122</td><td>0.127</td><td>0.133</td><td>0.139</td><td>0.144</td><td>0.150</td><td>0.155</td><td>0.161</td><td>0.166</td><td>0.172</td></tr>
<tr><td>2027</td><td>0.093</td><td>0.098</td><td>0.103</td><td>0.109</td><td>0.114</td><td>0.120</td><td>0.125</td><td>0.131</td><td>0.136</td><td>0.142</td><td>0.147</td><td>0.152</td></tr>
<tr><td>2028</td><td>0.080</td><td>0.085</td><td>0.090</td><td>0.096</td><td>0.101</td><td>0.107</td><td>0.112</td><td>0.117</td><td>0.123</td><td>0.128</td><td>0.133</td><td>0.139</td></tr>
<tr><td>2029</td><td>0.070</td><td>0.075</td><td>0.081</td><td>0.086</td><td>0.091</td><td>0.097</td><td>0.102</td><td>0.107</td><td>0.113</td><td>0.118</td><td>0.123</td><td>0.129</td></tr>
<tr><td>2030</td><td>0.063</td><td>0.068</td><td>0.073</td><td>0.079</td><td>0.084</td><td>0.089</td><td>0.094</td><td>0.100</td><td>0.105</td><td>0.110</td><td>0.116</td><td>0.121</td></tr>
<tr><td>2031</td><td>0.057</td><td>0.062</td><td>0.067</td><td>0.073</td><td>0.078</td><td>0.083</td><td>0.088</td><td>0.094</td><td>0.099</td><td>0.104</td><td>0.109</td><td>0.115</td></tr>
<tr><td>2032</td><td>0.052</td><td>0.057</td><td>0.063</td><td>0.068</td><td>0.073</td><td>0.078</td><td>0.084</td><td>0.089</td><td>0.094</td><td>0.099</td><td>0.104</td><td>0.110</td></tr>
<tr><td>2033</td><td>0.048</td><td>0.053</td><td>0.059</td><td>0.064</td><td>0.069</td><td>0.074</td><td>0.079</td><td>0.085</td><td>0.090</td><td>0.095</td><td>0.100</td><td>0.105</td></tr>
<tr><td>2034</td><td>0.045</td><td>0.050</td><td>0.055</td><td>0.060</td><td>0.066</td><td>0.071</td><td>0.076</td><td>0.081</td><td>0.086</td><td>0.092</td><td>0.097</td><td>0.102</td></tr>
<tr><td>2035</td><td>0.042</td><td>0.047</td><td>0.052</td><td>0.057</td><td>0.063</td><td>0.068</td><td>0.073</td><td>0.078</td><td>0.083</td><td>0.089</td><td>0.094</td><td>0.099</td></tr>
<tr><td>2036</td><td>0.039</td><td>0.045</td><td>0.050</td><td>0.055</td><td>0.060</td><td>0.065</td><td>0.070</td><td>0.076</td><td>0.081</td><td>0.086</td><td>0.091</td><td>0.096</td></tr>
<tr><td>2037</td><td>0.037</td><td>0.042</td><td>0.048</td><td>0.053</td><td>0.058</td><td>0.063</td><td>0.068</td><td>0.073</td><td>0.079</td><td>0.084</td><td>0.089</td><td>0.094</td></tr>
<tr><td>2038</td><td>0.035</td><td>0.041</td><td>0.046</td><td>0.051</td><td>0.056</td><td>0.061</td><td>0.066</td><td>0.071</td><td>0.077</td><td>0.082</td><td>0.087</td><td>0.092</td></tr>
<tr><td>2039</td><td>0.034</td><td>0.039</td><td>0.044</td><td>0.049</td><td>0.054</td><td>0.059</td><td>0.065</td><td>0.070</td><td>0.075</td><td>0.080</td><td>0.085</td><td>0.090</td></tr>
<tr><td>2040</td><td>0.032</td><td>0.037</td><td>0.042</td><td>0.048</td><td>0.053</td><td>0.058</td><td>0.063</td><td>0.068</td><td>0.073</td><td>0.078</td><td>0.084</td><td>0.089</td></tr>
<tr><td>2041</td><td>0.031</td><td>0.036</td><td>0.041</td><td>0.046</td><td>0.051</td><td>0.057</td><td>0.062</td><td>0.067</td><td>0.072</td><td>0.077</td><td>0.082</td><td>0.087</td></tr>
<tr><td>2042</td><td>0.030</td><td>0.035</td><td>0.040</td><td>0.045</td><td>0.050</td><td>0.055</td><td>0.060</td><td>0.065</td><td>0.071</td><td>0.076</td><td>0.081</td><td>0.086</td></tr>
<tr><td>2043</td><td>0.029</td><td>0.034</td><td>0.039</td><td>0.044</td><td>0.049</td><td>0.054</td><td>0.059</td><td>0.064</td><td>0.069</td><td>0.075</td><td>0.080</td><td>0.085</td></tr>
<tr><td>2044</td><td>0.028</td><td>0.033</td><td>0.038</td><td>0.043</td><td>0.048</td><td>0.053</td><td>0.058</td><td>0.063</td><td>0.068</td><td>0.074</td><td>0.079</td><td>0.084</td></tr>
<tr><td>2045</td><td>0.027</td><td>0.032</td><td>0.037</td><td>0.042</td><td>0.047</td><td>0.052</td><td>0.057</td><td>0.062</td><td>0.067</td><td>0.073</td><td>0.078</td><td>0.083</td></tr>
<tr><td>2046</td><td>0.026</td><td>0.031</td><td>0.036</td><td>0.041</td><td>0.046</td><td>0.051</td><td>0.056</td><td>0.061</td><td>0.067</td><td>0.072</td><td>0.077</td><td>0.082</td></tr>
<tr><td>2047</td><td>0.025</td><td>0.030</td><td>0.035</td><td>0.040</td><td>0.045</td><td>0.050</td><td>0.056</td><td>0.061</td><td>0.066</td><td>0.071</td><td>0.076</td><td>0.081</td></tr>
<tr><td>2048</td><td>0.024</td><td>0.029</td><td>0.034</td><td>0.040</td><td>0.045</td><td>0.050</td><td>0.055</td><td>0.060</td><td>0.065</td><td>0.070</td><td>0.075</td><td>0.080</td></tr>
<tr><td>2049</td><td>0.024</td><td>0.029</td><td>0.034</td><td>0.039</td><td>0.044</td><td>0.049</td><td>0.054</td><td>0.059</td><td>0.064</td><td>0.069</td><td>0.074</td><td>0.080</td></tr>
<tr><td>2050</td><td>0.023</td><td>0.028</td><td>0.033</td><td>0.038</td><td>0.043</td><td>0.048</td><td>0.053</td><td>0.059</td><td>0.064</td><td>0.069</td><td>0.074</td><td>0.079</td></tr>
</table>

资料来源：笔者自制。

表 17.2 表示当东京的 GDP 以一定的经济增长率进行增长时，上海要想在特定年份对其进行赶超时所必须要达到的经济增长率水平，表的具体含义与上述一致。具体来看，若东京的经济总量以年均 3% 的增长率进行增长时，上海想要在 2035 年经济总量超过东京，其经济增长率必须达到年均 6.3%；若东京的经济总量以年均 4% 的增长率进行增长，上海的经济总量若要想在 2035 年超过东京，其年经济增长率必须达到 7.3%。若上海想要提前对东京实现赶超，对其经济增长率的要求将会更高，除非是东京以较低的增长率进行增长，如东京以年 1% 的增长率进行增长，上海若想在 2030 年实现赶超，其增长率达到 6% 就可以，若在 2035 年实现赶超，上海的年增长率只需要达到 4.2%。其他情况，以此类推。

表 17.2　上海具体年度对东京有一定增长率实现追赶的所具有的增长率

		东京模拟增长率											
	年份	0.005	0.010	0.015	0.020	0.025	0.030	0.035	0.040	0.045	0.050	0.055	0.060
上海模拟增长率	2024	0.160	0.166	0.172	0.178	0.183	0.189	0.195					
	2025	0.120	0.125	0.131	0.136	0.142	0.147	0.153	0.159	0.164	0.170	0.175	0.181
	2026	0.096	0.101	0.107	0.112	0.118	0.123	0.128	0.134	0.139	0.145	0.150	0.156
	2027	0.080	0.086	0.091	0.096	0.102	0.107	0.112	0.118	0.123	0.128	0.134	0.139
	2028	0.069	0.074	0.080	0.085	0.090	0.096	0.101	0.106	0.112	0.117	0.122	0.128
	2029	0.061	0.066	0.072	0.077	0.082	0.087	0.093	0.098	0.103	0.108	0.114	0.119
	2030	0.055	0.060	0.065	0.070	0.076	0.081	0.086	0.091	0.097	0.102	0.107	0.112
	2031	0.050	0.055	0.060	0.065	0.071	0.076	0.081	0.086	0.091	0.097	0.102	0.107
	2032	0.046	0.051	0.056	0.061	0.066	0.072	0.077	0.082	0.087	0.092	0.098	0.103
	2033	0.042	0.047	0.053	0.058	0.063	0.068	0.073	0.078	0.084	0.089	0.094	0.099
	2034	0.039	0.044	0.050	0.055	0.060	0.065	0.070	0.075	0.081	0.086	0.091	0.096

续表

	年份	东京模拟增长率											
		0.005	0.010	0.015	0.020	0.025	0.030	0.035	0.040	0.045	0.050	0.055	0.060
上海模拟增长率	2035	0.037	0.042	0.047	0.052	0.057	0.063	0.068	0.073	0.078	0.083	0.088	0.094
	2036	0.035	0.040	0.045	0.050	0.055	0.060	0.066	0.071	0.076	0.081	0.086	0.091
	2037	0.033	0.038	0.043	0.048	0.053	0.059	0.064	0.069	0.074	0.079	0.084	0.089
	2038	0.031	0.036	0.041	0.047	0.052	0.057	0.062	0.067	0.072	0.077	0.083	0.088
	2039	0.030	0.035	0.040	0.045	0.050	0.055	0.061	0.066	0.071	0.076	0.081	0.086
	2040	0.028	0.034	0.039	0.044	0.049	0.054	0.059	0.064	0.069	0.075	0.080	0.085
	2041	0.027	0.032	0.038	0.043	0.048	0.053	0.058	0.063	0.068	0.073	0.078	0.084
	2042	0.026	0.031	0.036	0.042	0.047	0.052	0.057	0.062	0.067	0.072	0.077	0.082
	2043	0.025	0.030	0.036	0.041	0.046	0.051	0.056	0.061	0.066	0.071	0.076	0.081
	2044	0.024	0.030	0.035	0.040	0.045	0.050	0.055	0.060	0.065	0.070	0.075	0.081
	2045	0.024	0.029	0.034	0.039	0.044	0.049	0.054	0.059	0.064	0.069	0.075	0.080
	2046	0.023	0.028	0.033	0.038	0.043	0.048	0.053	0.059	0.064	0.069	0.074	0.079
	2047	0.022	0.027	0.032	0.038	0.043	0.048	0.053	0.058	0.063	0.068	0.073	0.078
	2048	0.022	0.027	0.032	0.037	0.042	0.047	0.052	0.057	0.062	0.067	0.072	0.078
	2049	0.021	0.026	0.031	0.036	0.041	0.046	0.052	0.057	0.062	0.067	0.072	0.077
	2050	0.021	0.026	0.031	0.036	0.041	0.046	0.051	0.056	0.061	0.066	0.071	0.076

资料来源：笔者自制。

上述模拟了上海对纽约和东京的 GDP 变化情况，接下来本部分模拟在一定增长率条件下，上海与北京、伦敦、巴黎、新加坡、深圳等城市之间的倍数关系，以体现上海的领先优势。此处，本部分主要模拟上海的经济增长率在3%、4%、5%、6%条件下，其他城市的经济增长率在1%、2%、3%、4%、5%、6%条件下时，上海与其他城市之间的经济关系。具体而言：

表17.3表示上海、北京均以一定的经济增长率进行增长时，

2025—2035 年，上海的 GDP 是北京的倍数情形。具体而言，若上海以年均 4% 的经济增长率进行增长，北京以年均 3% 的经济增长率进行增长，在 2035 年，上海的经济总量将是北京的 1.23 倍；若北京以 5% 的经济增长率进行增长时，到 2035 年，上海的经济总量将会是北京的 0.94 倍。若上海的经济总量以年均 5% 的增长率进行增长，北京以 4% 的增长率进行增长，到 2025 年上海的 GDP 将是北京的 1.12 倍，到 2035 年上海的 GDP 将是北京的 1.23 倍；若北京以 6% 的增长率进行增长，那么到 2035 年上海的 GDP 将是北京的 0.94 倍。其他情形，以此类推。

表 17.3　　　　在一定增长率条件下上海 GDP 与北京 GDP 的关系

上海模拟增长率	北京模拟增长率	2025 年倍数	2030 年倍数	2031 年倍数	2032 年倍数	2033 年倍数	2034 年倍数	2035 年倍数
0.03	0.01	1.16	1.28	1.31	1.33	1.36	1.38	1.41
0.03	0.02	1.12	1.17	1.18	1.19	1.21	1.22	1.23
0.03	0.03	1.07	1.07	1.07	1.07	1.07	1.07	1.07
0.03	0.04	1.03	0.98	0.97	0.96	0.96	0.95	0.94
0.03	0.05	0.99	0.90	0.89	0.87	0.85	0.84	0.82
0.03	0.06	0.96	0.83	0.81	0.78	0.76	0.74	0.72
0.04	0.01	1.21	1.40	1.44	1.48	1.52	1.57	1.62
0.04	0.02	1.16	1.28	1.30	1.33	1.35	1.38	1.41
0.04	0.03	1.12	1.17	1.18	1.19	1.21	1.22	1.23
0.04	0.04	1.07	1.07	1.07	1.07	1.07	1.07	1.07
0.04	0.05	1.03	0.98	0.98	0.97	0.96	0.95	0.94
0.04	0.06	0.99	0.90	0.89	0.87	0.85	0.84	0.82
0.05	0.01	1.25	1.52	1.58	1.65	1.71	1.78	1.85
0.05	0.02	1.21	1.39	1.43	1.48	1.52	1.56	1.61

续表

上海模拟 增长率	北京模拟 增长率	2025 年 倍数	2030 年 倍数	2031 年 倍数	2032 年 倍数	2033 年 倍数	2034 年 倍数	2035 年 倍数
0.05	0.03	1.16	1.28	1.30	1.33	1.35	1.38	1.40
0.05	0.04	1.12	1.17	1.18	1.19	1.20	1.22	1.23
0.05	0.05	1.07	1.07	1.07	1.07	1.07	1.07	1.07
0.05	0.06	1.03	0.99	0.98	0.97	0.96	0.95	0.94
0.06	0.01	1.30	1.66	1.74	1.83	1.92	2.01	2.11
0.06	0.02	1.25	1.52	1.58	1.64	1.70	1.77	1.84
0.06	0.03	1.20	1.39	1.43	1.47	1.51	1.56	1.60
0.06	0.04	1.16	1.27	1.30	1.32	1.35	1.37	1.40
0.06	0.05	1.11	1.17	1.18	1.19	1.20	1.21	1.23
0.06	0.06	1.07	1.07	1.07	1.07	1.07	1.07	1.07

资料来源：笔者自制。

表 17.4 表示上海、伦敦均以一定的经济增长率进行增长时，2025—2035 年，上海的 GDP 是伦敦的倍数情形。具体而言，若上海的经济总量以年均 5% 的增长率进行增长，伦敦以 4% 的增长率进行增长，到 2025 年上海的 GDP 将是伦敦的 1.04 倍，到 2035 年上海的 GDP 将是伦敦的 1.15 倍；若伦敦以 2% 的增长率进行增长，到 2035 年上海的 GDP 将是伦敦的 1.51 倍。以此类推。

表 17.4　　在一定增长率条件下上海 GDP 与伦敦 GDP 的关系

上海模拟 增长率	伦敦模拟 增长率	2025 年 倍数	2030 年 倍数	2031 年 倍数	2032 年 倍数	2033 年 倍数	2034 年 倍数	2035 年 倍数
0.03	0.01	1.09	1.20	1.22	1.25	1.27	1.30	1.32
0.03	0.02	1.05	1.10	1.11	1.12	1.13	1.14	1.15

续表

上海模拟 增长率	伦敦模拟 增长率	2025年 倍数	2030年 倍数	2031年 倍数	2032年 倍数	2033年 倍数	2034年 倍数	2035年 倍数
0.03	0.03	1.01	1.01	1.01	1.01	1.01	1.01	1.01
0.03	0.04	0.97	0.92	0.91	0.90	0.90	0.89	0.88
0.03	0.05	0.93	0.85	0.83	0.81	0.80	0.78	0.77
0.03	0.06	0.90	0.78	0.75	0.73	0.71	0.69	0.67
0.04	0.01	1.13	1.31	1.35	1.39	1.43	1.47	1.51
0.04	0.02	1.09	1.20	1.22	1.24	1.27	1.29	1.32
0.04	0.03	1.04	1.10	1.11	1.12	1.13	1.14	1.15
0.04	0.04	1.01	1.01	1.01	1.01	1.01	1.01	1.01
0.04	0.05	0.97	0.92	0.91	0.90	0.90	0.89	0.88
0.04	0.06	0.93	0.85	0.83	0.82	0.80	0.78	0.77
0.05	0.01	1.17	1.43	1.48	1.54	1.60	1.67	1.73
0.05	0.02	1.13	1.30	1.34	1.38	1.42	1.47	1.51
0.05	0.03	1.09	1.20	1.22	1.24	1.27	1.29	1.32
0.05	0.04	1.04	1.10	1.11	1.12	1.13	1.14	1.15
0.05	0.05	1.01	1.01	1.01	1.01	1.01	1.01	1.01
0.05	0.06	0.97	0.92	0.91	0.91	0.90	0.89	0.88
0.06	0.01	1.22	1.55	1.63	1.71	1.79	1.88	1.98
0.06	0.02	1.17	1.42	1.48	1.53	1.59	1.66	1.72
0.06	0.03	1.13	1.30	1.34	1.38	1.42	1.46	1.50
0.06	0.04	1.08	1.19	1.22	1.24	1.26	1.29	1.31
0.06	0.05	1.04	1.09	1.11	1.12	1.13	1.14	1.15
0.06	0.06	1.01	1.01	1.01	1.01	1.01	1.01	1.01

资料来源：笔者自制。

　　表17.5表示上海、巴黎均以一定的经济增长率进行增长时，2025—2035年，上海的GDP是巴黎的倍数情形。具体而言，若上海

的经济总量以年均 5% 的增长率进行增长，巴黎以 4% 的增长率进行增长，到 2025 年上海的 GDP 将是巴黎的 1.06 倍，到 2035 年上海的 GDP 将是巴黎的 1.16 倍。若上海的经济增量以年均 6% 的增长率进行增长，巴黎以 4% 的年均增长率进行增长，到 2035 年上海的经济总量将是巴黎的 1.33 倍。

表 17.5　　　　　在一定增长率条件下上海 GDP 与巴黎 GDP 的关系

上海预计增长率	巴黎预计增长率	2025 年倍数	2030 年倍数	2031 年倍数	2032 年倍数	2033 年倍数	2034 年倍数	2035 年倍数
0.03	0.01	1.10	1.21	1.24	1.26	1.29	1.31	1.34
0.03	0.02	1.06	1.11	1.12	1.13	1.14	1.15	1.16
0.03	0.03	1.02	1.02	1.02	1.02	1.02	1.02	1.02
0.03	0.04	0.98	0.93	0.92	0.91	0.90	0.90	0.89
0.03	0.05	0.94	0.85	0.84	0.82	0.81	0.79	0.78
0.03	0.06	0.91	0.78	0.76	0.74	0.72	0.70	0.68
0.04	0.01	1.14	1.32	1.36	1.40	1.44	1.49	1.53
0.04	0.02	1.10	1.21	1.23	1.26	1.28	1.31	1.33
0.04	0.03	1.06	1.11	1.12	1.13	1.14	1.15	1.16
0.04	0.04	1.02	1.02	1.02	1.02	1.02	1.02	1.02
0.04	0.05	0.98	0.93	0.92	0.91	0.91	0.90	0.89
0.04	0.06	0.94	0.86	0.84	0.82	0.81	0.79	0.78
0.05	0.01	1.19	1.44	1.50	1.56	1.62	1.68	1.75
0.05	0.02	1.14	1.32	1.36	1.40	1.44	1.48	1.52
0.05	0.03	1.10	1.21	1.23	1.25	1.28	1.30	1.33
0.05	0.04	1.06	1.11	1.12	1.13	1.14	1.15	1.16
0.05	0.05	1.02	1.02	1.02	1.02	1.02	1.02	1.02
0.05	0.06	0.98	0.93	0.92	0.92	0.91	0.90	0.89
0.06	0.01	1.23	1.57	1.65	1.73	1.81	1.90	2.00

续表

上海预计增长率	巴黎预计增长率	2025 年倍数	2030 年倍数	2031 年倍数	2032 年倍数	2033 年倍数	2034 年倍数	2035 年倍数
0.06	0.02	1.18	1.44	1.49	1.55	1.61	1.67	1.74
0.06	0.03	1.14	1.32	1.35	1.39	1.43	1.48	1.52
0.06	0.04	1.10	1.21	1.23	1.25	1.28	1.30	1.33
0.06	0.05	1.05	1.11	1.12	1.13	1.14	1.15	1.16
0.06	0.06	1.02	1.02	1.02	1.02	1.02	1.02	1.02

资料来源：笔者自制。

表 17.6 表示上海、新加坡均以一定的经济增长率进行增长时，2025—2035 年上海的 GDP 与新加坡 GDP 之间的关系。具体而言，若上海经济总量以年均 5% 的增长率进行增长，新加坡以 3% 的增长率进行增长，到 2030 年上海的 GDP 将是新加坡的 2.18 倍，到 2035 年上海的 GDP 将是新加坡的 2.40 倍。若上海以年均 6% 的增长率进行增长，新加坡以 3% 的年均增长率进行增长时，2035 年上海的 GDP 将是新加坡的 2.74 倍。

表 17.6　　在一定增长率条件下上海 GDP 与新加坡 GDP 的关系

上海预计增长率	新加坡预计增长率	2025 年倍数	2030 年倍数	2031 年倍数	2032 年倍数	2033 年倍数	2034 年倍数	2035 年倍数
0.03	0.01	1.98	2.18	2.23	2.27	2.32	2.36	2.41
0.03	0.02	1.90	2.00	2.02	2.04	2.06	2.08	2.10
0.03	0.03	1.83	1.83	1.83	1.83	1.83	1.83	1.83
0.03	0.04	1.76	1.68	1.66	1.65	1.63	1.61	1.60
0.03	0.05	1.70	1.54	1.51	1.48	1.45	1.43	1.40
0.03	0.06	1.63	1.41	1.37	1.34	1.30	1.26	1.22

续表

上海预计增长率	新加坡预计增长率	2025年倍数	2030年倍数	2031年倍数	2032年倍数	2033年倍数	2034年倍数	2035年倍数
0.04	0.01	2.06	2.38	2.45	2.53	2.60	2.68	2.76
0.04	0.02	1.98	2.18	2.22	2.27	2.31	2.36	2.40
0.04	0.03	1.90	2.00	2.02	2.04	2.06	2.08	2.10
0.04	0.04	1.83	1.83	1.83	1.83	1.83	1.83	1.83
0.04	0.05	1.76	1.68	1.66	1.65	1.63	1.62	1.60
0.04	0.06	1.70	1.54	1.51	1.48	1.46	1.43	1.40
0.05	0.01	2.14	2.60	2.70	2.81	2.92	3.03	3.15
0.05	0.02	2.06	2.38	2.45	2.52	2.59	2.67	2.75
0.05	0.03	1.98	2.18	2.22	2.26	2.31	2.35	2.40
0.05	0.04	1.90	2.00	2.01	2.03	2.05	2.07	2.09
0.05	0.05	1.83	1.83	1.83	1.83	1.83	1.83	1.83
0.05	0.06	1.76	1.68	1.67	1.65	1.63	1.62	1.60
0.06	0.01	2.22	2.83	2.97	3.12	3.27	3.43	3.60
0.06	0.02	2.14	2.59	2.69	2.80	2.90	3.02	3.14
0.06	0.03	2.05	2.37	2.44	2.51	2.58	2.66	2.74
0.06	0.04	1.98	2.17	2.22	2.26	2.30	2.35	2.39
0.06	0.05	1.90	1.99	2.01	2.03	2.05	2.07	2.09
0.06	0.06	1.83	1.83	1.83	1.83	1.83	1.83	1.83

资料来源：笔者自制。

    表17.7表示上海、深圳均以一定的经济增长率进行增长时，2025—2035年上海的GDP是深圳的倍数情形。具体而言，若上海的经济总量以年均6%的增长率进行增长，深圳以5%的增长率进行增长，到2025年上海的GDP将是深圳的1.46倍，到2035年上海的GDP将是深圳的1.61倍；若上海以5%的年均增长率进行增长，深圳

以 6% 的年均增长率进行增长时，到 2035 年上海的 GDP 将是深圳的
1.23 倍。

表 17.7 在一定增长率条件下上海 GDP 与深圳 GDP 的关系

上海预计增长率	深圳预计增长率	2025 年倍数	2030 年倍数	2031 年倍数	2032 年倍数	2033 年倍数	2034 年倍数	2035 年倍数
0.03	0.01	1.52	1.68	1.71	1.75	1.78	1.82	1.85
0.03	0.02	1.47	1.54	1.55	1.57	1.58	1.60	1.62
0.03	0.03	1.41	1.41	1.41	1.41	1.41	1.41	1.41
0.03	0.04	1.36	1.29	1.28	1.27	1.25	1.24	1.23
0.03	0.05	1.30	1.19	1.16	1.14	1.12	1.10	1.08
0.03	0.06	1.26	1.09	1.06	1.03	1.00	0.97	0.94
0.04	0.01	1.58	1.83	1.89	1.94	2.00	2.06	2.12
0.04	0.02	1.52	1.68	1.71	1.74	1.78	1.81	1.85
0.04	0.03	1.46	1.54	1.55	1.57	1.58	1.60	1.61
0.04	0.04	1.41	1.41	1.41	1.41	1.41	1.41	1.41
0.04	0.05	1.36	1.29	1.28	1.27	1.26	1.24	1.23
0.04	0.06	1.31	1.19	1.16	1.14	1.12	1.10	1.08
0.05	0.01	1.65	2.00	2.08	2.16	2.25	2.33	2.43
0.05	0.02	1.58	1.83	1.88	1.94	2.00	2.05	2.11
0.05	0.03	1.52	1.68	1.71	1.74	1.78	1.81	1.84
0.05	0.04	1.46	1.54	1.55	1.57	1.58	1.60	1.61
0.05	0.05	1.41	1.41	1.41	1.41	1.41	1.41	1.41
0.05	0.06	1.36	1.29	1.28	1.27	1.26	1.25	1.23
0.06	0.01	1.71	2.18	2.28	2.40	2.52	2.64	2.77
0.06	0.02	1.64	1.99	2.07	2.15	2.24	2.32	2.41
0.06	0.03	1.58	1.82	1.88	1.93	1.99	2.05	2.11
0.06	0.04	1.52	1.67	1.70	1.74	1.77	1.81	1.84
0.06	0.05	1.46	1.53	1.55	1.56	1.58	1.59	1.61
0.06	0.06	1.41	1.41	1.41	1.41	1.41	1.41	1.41

资料来源：笔者自制。

二 未来人均 GDP 变化情景模拟

从人均 GDP 角度，笔者对上海与纽约、东京、伦敦、巴黎、北京、深圳、新加坡等城市 2020—2035 年的情况进行走势预测。具体而言，2021 年纽约的人均 GDP 为 134011 美元/人，东京的人均 GDP 为 73603.62 美元/人，上海的人均 GDP 为 26906 美元/人，伦敦的人均 GDP 为 70698 美元/人，巴黎的人均 GDP 为 59527.42 美元/人，北京的人均 GDP 为 28518.4 美元/人，深圳的人均 GDP 为 26952.47 美元/人，新加坡的人均 GDP 为 67126.61 美元/人。[①] 由于上海的人均 GDP 都要低于其他相关城市，从而本部分只分析各个城市的人均 GDP 以一定增长率进行增长时，上海要想在人均 GDP 对其他城市实现赶超所必须要达到的增长率水平。

表 17.8 表示纽约的人均 GDP 以一定的增长率进行增长时，上海的人均 GDP 要想实现赶超所必须要达到的增长率水平。从表 17.8 的结果可以看出，当纽约以 0.5% 的增长率进行增长，若上海想要在 2035 年对纽约实现赶超，其人均 GDP 增长率必须达到 12.8%。若纽约以 1.0% 的增长率进行增长，上海想要在 2035 年对纽约实现赶超，其人均 GDP 增长率必须达到 13.3%。若纽约分别以 1.5%、2.0%、2.5%、3.0%、3.5%、4.0%、4.5%、5.0% 的增长率进行增长，上海想要在 2035 年对纽约实现赶超，其人均 GDP 增长率分别必须达到

---

① 数据来源：经济学人 EIU 全球城市数据库、中国社会科学院城市与竞争力指数数据库。

13.9%、14.4%、15.0%、15.6%、16.1%、16.7%、17.2%、17.8%。总体而言，在现有汇率不变的条件下，上海的人均GDP要想在2035年实现对纽约的赶超还存在较大的难度，对上海人均GDP的增长率还存在较大的要求。其他情况，也是如此。

表17.8　上海具体年度对纽约有一定增长率实现追赶的所具有的增长率

	年份	纽约增长率											
		0.005	0.010	0.015	0.020	0.025	0.030	0.035	0.040	0.045	0.050	0.055	0.060
上海增长率	2031	0.181	0.186	0.192	0.198								
	2032	0.163	0.169	0.175	0.181	0.187	0.192	0.198					
	2033	0.149	0.155	0.161	0.167	0.172	0.178	0.184	0.189	0.195			
	2034	0.138	0.143	0.149	0.155	0.160	0.166	0.172	0.177	0.183	0.189	0.194	0.200
	2035	0.128	0.133	0.139	0.144	0.150	0.156	0.161	0.167	0.172	0.178	0.184	0.189
	2036	0.119	0.125	0.130	0.136	0.141	0.147	0.152	0.158	0.164	0.169	0.175	0.180
	2037	0.112	0.117	0.123	0.128	0.134	0.139	0.145	0.150	0.156	0.161	0.167	0.172
	2038	0.105	0.111	0.116	0.122	0.127	0.133	0.138	0.144	0.149	0.155	0.160	0.165
	2039	0.099	0.105	0.110	0.116	0.121	0.127	0.132	0.138	0.143	0.148	0.154	0.159
	2040	0.094	0.100	0.105	0.110	0.116	0.121	0.127	0.132	0.138	0.143	0.149	0.154
	2041	0.090	0.095	0.100	0.106	0.111	0.117	0.122	0.127	0.133	0.138	0.144	0.149
	2042	0.085	0.091	0.096	0.102	0.107	0.112	0.118	0.123	0.129	0.134	0.139	0.145
	2043	0.082	0.087	0.092	0.098	0.103	0.108	0.114	0.119	0.125	0.130	0.135	0.141
	2044	0.078	0.084	0.089	0.094	0.100	0.105	0.110	0.116	0.121	0.126	0.132	0.137
	2045	0.075	0.080	0.086	0.091	0.096	0.102	0.107	0.112	0.118	0.123	0.128	0.134
	2046	0.072	0.077	0.083	0.088	0.093	0.099	0.104	0.109	0.115	0.120	0.125	0.131
	2047	0.070	0.075	0.080	0.085	0.091	0.096	0.101	0.107	0.112	0.117	0.123	0.128
	2048	0.067	0.072	0.078	0.083	0.088	0.094	0.099	0.104	0.110	0.115	0.120	0.125
	2049	0.065	0.070	0.075	0.081	0.086	0.091	0.097	0.102	0.107	0.112	0.118	0.123
	2050	0.063	0.068	0.073	0.079	0.084	0.089	0.094	0.100	0.105	0.110	0.116	0.121

资料来源：笔者自制。

　　表 17.9 表示东京的人均 GDP 以一定的增长率进行增长时，上海的人均 GDP 要想对东京实现赶超所必须要达到的增长率水平。从表 17.9 的结果可以看出，若东京以 0.5% 的增长率进行增长，如若上海想要在 2035 年对东京实现赶超，其人均 GDP 增长率必须达到 8.0%。若东京以 1.0% 的增长率进行增长，上海想要在 2035 年对东京实现赶超，其人均 GDP 增长率必须达到 8.6%。若东京分别以 1.5%、2.0%、2.5%、3.0%、3.5%、4.0%、4.5%、5.0% 的增长率进行增长，上海想要在 2035 年对东京实现赶超，其人均 GDP 增长率分别必须达到 9.1%、9.7%、10.2%、10.7%、11.3%、11.8%、12.3%、12.9%。总体来看，与纽约的情况相类似，若东京的人均 GDP 以相对较高的增长率进行增长，上海则需要更高的增长率，且难度较大，其他情况也是如此。

表 17.9　上海具体年度对东京有一定增长率实现追赶的所具有的增长率

		东京增长率										
	年份	0.005	0.010	0.015	0.020	0.025	0.030	0.035	0.040	0.045	0.050	0.055	0.060
上海增长率	2027	0.189	0.195										
	2028	0.161	0.167	0.172	0.178	0.184	0.190	0.196					
	2029	0.140	0.146	0.152	0.157	0.163	0.169	0.174	0.180	0.186	0.191	0.197	
	2030	0.124	0.130	0.136	0.141	0.147	0.152	0.158	0.164	0.169	0.175	0.180	0.186
	2031	0.112	0.117	0.123	0.128	0.134	0.140	0.145	0.151	0.156	0.162	0.167	0.173
	2032	0.102	0.107	0.113	0.118	0.124	0.129	0.135	0.140	0.146	0.151	0.157	0.162
	2033	0.093	0.099	0.104	0.110	0.115	0.121	0.126	0.131	0.137	0.142	0.148	0.153
	2034	0.086	0.092	0.097	0.103	0.108	0.113	0.119	0.124	0.130	0.135	0.140	0.146
	2035	0.080	0.086	0.091	0.097	0.102	0.107	0.113	0.118	0.123	0.129	0.134	0.139
	2036	0.075	0.081	0.086	0.091	0.097	0.102	0.107	0.113	0.118	0.123	0.129	0.134
	2037	0.071	0.076	0.081	0.087	0.092	0.097	0.103	0.108	0.113	0.119	0.124	0.129

续表

年份	东京增长率											
	0.005	0.010	0.015	0.020	0.025	0.030	0.035	0.040	0.045	0.050	0.055	0.060
2038	0.067	0.072	0.077	0.083	0.088	0.093	0.099	0.104	0.109	0.115	0.120	0.125
2039	0.063	0.069	0.074	0.079	0.084	0.090	0.095	0.100	0.106	0.111	0.116	0.121
2040	0.060	0.065	0.071	0.076	0.081	0.087	0.092	0.097	0.102	0.108	0.113	0.118
2041	0.057	0.063	0.068	0.073	0.078	0.084	0.089	0.094	0.099	0.105	0.110	0.115
2042	0.055	0.060	0.065	0.071	0.076	0.081	0.086	0.092	0.097	0.102	0.107	0.113
2043	0.053	0.058	0.063	0.068	0.073	0.079	0.084	0.089	0.094	0.100	0.105	0.110
2044	0.050	0.056	0.061	0.066	0.071	0.077	0.082	0.087	0.092	0.097	0.103	0.108
2045	0.049	0.054	0.059	0.064	0.069	0.075	0.080	0.085	0.090	0.095	0.101	0.106
2046	0.047	0.052	0.057	0.062	0.068	0.073	0.078	0.083	0.088	0.094	0.099	0.104
2047	0.045	0.050	0.056	0.061	0.066	0.071	0.076	0.082	0.087	0.092	0.097	0.102
2048	0.044	0.049	0.054	0.059	0.064	0.070	0.075	0.080	0.085	0.090	0.096	0.101
2049	0.042	0.047	0.053	0.058	0.063	0.068	0.073	0.079	0.084	0.089	0.094	0.099
2050	0.041	0.046	0.051	0.057	0.062	0.067	0.072	0.077	0.082	0.088	0.093	0.098

（左侧纵向标题：上海增长率）

资料来源：笔者自制。

表 17.10 表示伦敦的人均 GDP 以一定的增长率进行增长时，上海的人均 GDP 要想对伦敦实现赶超所必须要达到的增长率水平。若伦敦以 0.5% 的增长率进行增长，如若上海想要在 2035 年对伦敦实现赶超，其人均 GDP 增长率必须达到 7.7%，若是人均 GDP 在 2050 年实现赶超，其人均 GDP 增长率必须要达到 4.0%。若伦敦以 1.0% 的增长率进行增长，上海想要在 2035 年对伦敦实现赶超，其人均 GDP 增长率必须达到 8.3%，要想在 2050 年对伦敦实现赶超，其人均 GDP 增长率必须达到 4.5%。若伦敦分别以 1.5%、2.0%、2.5%、3.0%、3.5%、4.0%、4.5%、5.0% 的增长率进行增长，上海想要在 2035 年对

伦敦实现赶超，其人均 GDP 增长率分别必须达到 8.8%、9.3%、9.9%、10.4%、10.9%、11.5%、12.0%、12.6%。以此类推。

表 17.10 上海具体年度对伦敦有一定增长率实现追赶的所具有的增长率

		伦敦增长率											
	年份	0.005	0.010	0.015	0.020	0.025	0.030	0.035	0.040	0.045	0.050	0.055	0.060
上海增长率	2027	0.181	0.187	0.193	0.199								
	2028	0.154	0.160	0.166	0.171	0.177	0.183	0.189	0.194	0.200			
	2029	0.134	0.140	0.146	0.151	0.157	0.163	0.168	0.174	0.180	0.185	0.191	0.197
	2030	0.119	0.125	0.131	0.136	0.142	0.147	0.153	0.158	0.164	0.169	0.175	0.181
	2031	0.107	0.113	0.118	0.124	0.129	0.135	0.140	0.146	0.151	0.157	0.163	0.168
	2032	0.098	0.103	0.109	0.114	0.120	0.125	0.131	0.136	0.141	0.147	0.152	0.158
	2033	0.090	0.095	0.101	0.106	0.111	0.117	0.122	0.128	0.133	0.139	0.144	0.149
	2034	0.083	0.088	0.094	0.099	0.105	0.110	0.115	0.121	0.126	0.132	0.137	0.142
	2035	0.077	0.083	0.088	0.093	0.099	0.104	0.109	0.115	0.120	0.126	0.131	0.136
	2036	0.072	0.078	0.083	0.088	0.094	0.099	0.104	0.110	0.115	0.120	0.126	0.131
	2037	0.068	0.073	0.079	0.084	0.089	0.095	0.100	0.105	0.111	0.116	0.121	0.126
	2038	0.064	0.070	0.075	0.080	0.085	0.091	0.096	0.101	0.107	0.112	0.117	0.122
	2039	0.061	0.066	0.071	0.077	0.082	0.087	0.093	0.098	0.103	0.108	0.114	0.119
	2040	0.058	0.063	0.068	0.074	0.079	0.084	0.089	0.095	0.100	0.105	0.111	0.116
	2041	0.055	0.060	0.066	0.071	0.076	0.081	0.087	0.092	0.097	0.102	0.108	0.113
	2042	0.053	0.058	0.063	0.069	0.074	0.079	0.084	0.089	0.095	0.100	0.105	0.110
	2043	0.051	0.056	0.061	0.066	0.072	0.077	0.082	0.087	0.092	0.098	0.103	0.108
	2044	0.049	0.054	0.059	0.064	0.069	0.075	0.080	0.085	0.090	0.096	0.101	0.106
	2045	0.047	0.052	0.057	0.062	0.068	0.073	0.078	0.083	0.088	0.094	0.099	0.104
	2046	0.045	0.050	0.055	0.061	0.066	0.071	0.076	0.081	0.087	0.092	0.097	0.102
	2047	0.044	0.049	0.054	0.059	0.064	0.069	0.075	0.080	0.085	0.090	0.095	0.101
	2048	0.042	0.047	0.052	0.058	0.063	0.068	0.073	0.078	0.084	0.089	0.094	0.099
	2049	0.041	0.046	0.051	0.056	0.061	0.067	0.072	0.077	0.082	0.087	0.093	0.098
	2050	0.040	0.045	0.050	0.055	0.060	0.065	0.071	0.076	0.081	0.086	0.091	0.096

资料来源：笔者自制。

　　表 17.11 表示巴黎的人均 GDP 以一定的增长率进行增长时，上海的人均 GDP 要想对巴黎实现赶超所必须要达到的增长率水平。从表 17.11 的结果可以看出，若巴黎以 0.5% 的增长率进行增长，如若上海想要在 2035 年对巴黎实现赶超，其人均 GDP 增长率必须达到 6.4%。若巴黎以 1.0% 的增长率进行增长，上海想要在 2035 年对巴黎实现赶超，其人均 GDP 增长率必须达到 6.9%。若巴黎分别以 1.5%、2.0%、2.5%、3.0%、3.5%、4.0%、4.5%、5.0% 的增长率进行增长，上海想要在 2035 年对巴黎实现赶超，其人均 GDP 增长率分别必须达到 7.5%、8.0%、8.5%、9.1%、9.6%、10.1%、10.6%、11.2%。以此类推。

表 17.11　上海具体年度对巴黎有一定增长率实现追赶的所具有的增长率

	年份	巴黎增长率											
		0.005	0.010	0.015	0.020	0.025	0.030	0.035	0.040	0.045	0.050	0.055	0.060
上海增长率	2026	0.178	0.184	0.190	0.196								
	2027	0.148	0.153	0.159	0.165	0.171	0.176	0.182	0.188	0.193	0.199		
	2028	0.126	0.132	0.137	0.143	0.149	0.154	0.160	0.165	0.171	0.177	0.182	0.188
	2029	0.110	0.116	0.121	0.127	0.132	0.138	0.144	0.149	0.155	0.160	0.166	0.171
	2030	0.098	0.104	0.109	0.115	0.120	0.126	0.131	0.136	0.142	0.147	0.153	0.158
	2031	0.089	0.094	0.099	0.105	0.110	0.116	0.121	0.126	0.132	0.137	0.143	0.148
	2032	0.081	0.086	0.091	0.097	0.102	0.108	0.113	0.118	0.124	0.129	0.134	0.140
	2033	0.074	0.080	0.085	0.090	0.096	0.101	0.106	0.112	0.117	0.122	0.128	0.133
	2034	0.069	0.074	0.079	0.085	0.090	0.095	0.101	0.106	0.111	0.117	0.122	0.127
	2035	0.064	0.069	0.075	0.080	0.085	0.091	0.096	0.101	0.106	0.112	0.117	0.122
	2036	0.060	0.065	0.071	0.076	0.081	0.086	0.092	0.097	0.102	0.108	0.113	0.118
	2037	0.057	0.062	0.067	0.072	0.078	0.083	0.088	0.093	0.099	0.104	0.109	0.114
	2038	0.054	0.059	0.064	0.069	0.075	0.080	0.085	0.090	0.095	0.101	0.106	0.111
	2039	0.051	0.056	0.061	0.067	0.072	0.077	0.082	0.087	0.093	0.098	0.103	0.108

续表

	年份	巴黎增长率											
		0.005	0.010	0.015	0.020	0.025	0.030	0.035	0.040	0.045	0.050	0.055	0.060
上海增长率	2040	0.048	0.054	0.059	0.064	0.069	0.074	0.080	0.085	0.090	0.095	0.101	0.106
	2041	0.046	0.051	0.057	0.062	0.067	0.072	0.077	0.083	0.088	0.093	0.098	0.103
	2042	0.044	0.049	0.055	0.060	0.065	0.070	0.075	0.081	0.086	0.091	0.096	0.101
	2043	0.042	0.048	0.053	0.058	0.063	0.068	0.074	0.079	0.084	0.089	0.094	0.099
	2044	0.041	0.046	0.051	0.056	0.062	0.067	0.072	0.077	0.082	0.087	0.093	0.098
	2045	0.039	0.044	0.050	0.055	0.060	0.065	0.070	0.075	0.081	0.086	0.091	0.096
	2046	0.038	0.043	0.048	0.053	0.059	0.064	0.069	0.074	0.079	0.084	0.090	0.095
	2047	0.037	0.042	0.047	0.052	0.057	0.062	0.068	0.073	0.078	0.083	0.088	0.093
	2048	0.035	0.041	0.046	0.051	0.056	0.061	0.066	0.072	0.077	0.082	0.087	0.092
	2049	0.034	0.040	0.045	0.050	0.055	0.060	0.065	0.070	0.076	0.081	0.086	0.091
	2050	0.033	0.039	0.044	0.049	0.054	0.059	0.064	0.069	0.075	0.080	0.085	0.090

资料来源：笔者自制。

　　表 17.12 表示新加坡的人均 GDP 以一定的增长率进行增长时，上海的人均 GDP 要想对新加坡实现赶超所必须要达到的增长率水平。从表 17.12 的结果可以看出，若新加坡以 0.5% 的增长率进行增长，如若上海想要在 2035 年对新加坡实现赶超，其人均 GDP 增长率必须达到 7.3%。若新加坡以 1.0% 的增长率进行增长，上海想要在 2035 年对新加坡实现赶超，其人均 GDP 增长率必须达到 7.9%。若新加坡分别以 1.5%、2.0%、2.5%、3.0%、3.5%、4.0%、4.5%、5.0% 的增长率进行增长，上海想要在 2035 年对新加坡实现赶超，其人均 GDP 增长率分别必须达到 8.4%、8.9%、9.5%、10.0%、10.5%、11.1%、11.6%、12.1%。以此类推。

表 17.12 **上海具体年度对新加坡有一定增长率实现追赶的所具有的增长率**

		新加坡增长率											
	年份	0.005	0.010	0.015	0.020	0.025	0.030	0.035	0.040	0.045	0.050	0.055	0.060
上海增长率	2027	0.171	0.177	0.183	0.188	0.194	0.200						
	2028	0.146	0.151	0.157	0.163	0.169	0.174	0.180	0.186	0.191	0.197		
	2029	0.127	0.133	0.138	0.144	0.150	0.155	0.161	0.166	0.172	0.178	0.183	0.189
	2030	0.113	0.118	0.124	0.130	0.135	0.141	0.146	0.152	0.157	0.163	0.168	0.174
	2031	0.102	0.107	0.113	0.118	0.124	0.129	0.135	0.140	0.146	0.151	0.156	0.162
	2032	0.093	0.098	0.103	0.109	0.114	0.120	0.125	0.131	0.136	0.141	0.147	0.152
	2033	0.085	0.090	0.096	0.101	0.107	0.112	0.117	0.123	0.128	0.134	0.139	0.144
	2034	0.079	0.084	0.089	0.095	0.100	0.106	0.111	0.116	0.122	0.127	0.132	0.138
	2035	0.073	0.079	0.084	0.089	0.095	0.100	0.105	0.111	0.116	0.121	0.127	0.132
	2036	0.069	0.074	0.079	0.085	0.090	0.095	0.101	0.106	0.111	0.116	0.122	0.127
	2037	0.065	0.070	0.075	0.080	0.086	0.091	0.096	0.102	0.107	0.112	0.118	0.123
	2038	0.061	0.066	0.072	0.077	0.082	0.087	0.093	0.098	0.103	0.109	0.114	0.119
	2039	0.058	0.063	0.068	0.074	0.079	0.084	0.089	0.095	0.100	0.105	0.110	0.116
	2040	0.055	0.060	0.066	0.071	0.076	0.081	0.087	0.092	0.097	0.102	0.108	0.113
	2041	0.053	0.058	0.063	0.068	0.073	0.079	0.084	0.089	0.094	0.100	0.105	0.110
	2042	0.050	0.055	0.061	0.066	0.071	0.076	0.082	0.087	0.092	0.097	0.102	0.108
	2043	0.048	0.053	0.059	0.064	0.069	0.074	0.079	0.085	0.090	0.095	0.100	0.105
	2044	0.046	0.051	0.057	0.062	0.067	0.072	0.077	0.083	0.088	0.093	0.098	0.103
	2045	0.045	0.050	0.055	0.060	0.065	0.070	0.076	0.081	0.086	0.091	0.096	0.102
	2046	0.043	0.048	0.053	0.058	0.064	0.069	0.074	0.079	0.084	0.090	0.095	0.100
	2047	0.041	0.047	0.052	0.057	0.062	0.067	0.073	0.078	0.083	0.088	0.093	0.098
	2048	0.040	0.045	0.050	0.056	0.061	0.066	0.071	0.076	0.081	0.087	0.092	0.097
	2049	0.039	0.044	0.049	0.054	0.060	0.065	0.070	0.075	0.080	0.085	0.091	0.096
	2050	0.038	0.043	0.048	0.053	0.058	0.063	0.069	0.074	0.079	0.084	0.089	0.094

资料来源：笔者自制。

表 17.13 表示新加坡的人均 GDP 以一定的增长率进行增长时，上

海的人均 GDP 要想对新加坡实现赶超所必须要达到的增长率水平。
从表 17.13 的结果可以看出，若北京以 0.5% 的增长率进行增长，如
若上海想要在 2035 年对北京实现赶超，其人均 GDP 增长率必须达到
1.0%。若北京以 1.0% 的增长率进行增长，上海想要在 2035 年对北
京实现赶超，其人均 GDP 增长率必须达到 1.5%。若北京分别以
1.5%、2.0%、2.5%、3.0%、3.5%、4.0%、4.5%、5.0% 的增长
率进行增长，上海想要在 2035 年对北京实现赶超，其人均 GDP 增长
率分别必须达到 2.0%、2.5%、3.0%、3.5%、4.0%、4.5%、
5.0%、5.5%。总体而言，只要上海的人均 GDP 增长率以略高于北
京的人均 GDP 增长率进行增长时，其在 2035 年必然会实现赶超。

表 17.13 **上海具体年度对北京有一定增长率实现追赶的所具有的增长率**

	北京增长率											
年份	0.005	0.010	0.015	0.020	0.025	0.030	0.035	0.040	0.045	0.050	0.055	0.060
2022	0.066	0.071	0.076	0.082	0.087	0.092	0.098	0.103	0.108	0.113	0.119	0.124
2023	0.035	0.040	0.045	0.051	0.056	0.061	0.066	0.071	0.076	0.082	0.087	0.092
2024	0.025	0.030	0.035	0.040	0.046	0.051	0.056	0.061	0.066	0.071	0.076	0.081
2025	0.020	0.025	0.030	0.035	0.041	0.046	0.051	0.056	0.061	0.066	0.071	0.076
2026	0.017	0.022	0.027	0.032	0.038	0.043	0.048	0.053	0.058	0.063	0.068	0.073
2027	0.015	0.020	0.025	0.030	0.035	0.041	0.046	0.051	0.056	0.061	0.066	0.071
2028	0.014	0.019	0.024	0.029	0.034	0.039	0.044	0.049	0.054	0.059	0.064	0.069
2029	0.013	0.018	0.023	0.028	0.033	0.038	0.043	0.048	0.053	0.058	0.063	0.068
2030	0.012	0.017	0.022	0.027	0.032	0.037	0.042	0.047	0.052	0.057	0.062	0.067
2031	0.011	0.016	0.021	0.026	0.031	0.037	0.042	0.047	0.052	0.057	0.062	0.067
2032	0.011	0.016	0.021	0.026	0.031	0.036	0.041	0.046	0.051	0.056	0.061	0.066
2033	0.010	0.015	0.020	0.025	0.030	0.036	0.041	0.046	0.051	0.056	0.061	0.066

（注：左侧表头为"上海增长率"）

续表

	年份	北京增长率											
		0.005	0.010	0.015	0.020	0.025	0.030	0.035	0.040	0.045	0.050	0.055	0.060
上海增长率	2034	0.010	0.015	0.020	0.025	0.030	0.035	0.040	0.045	0.050	0.055	0.060	0.065
	2035	0.010	0.015	0.020	0.025	0.030	0.035	0.040	0.045	0.050	0.055	0.060	0.065
	2036	0.010	0.014	0.019	0.024	0.029	0.035	0.040	0.045	0.050	0.055	0.060	0.065
	2037	0.010	0.014	0.019	0.024	0.029	0.034	0.039	0.044	0.049	0.054	0.059	0.064
	2038	0.010	0.014	0.019	0.024	0.029	0.034	0.039	0.044	0.049	0.054	0.059	0.064
	2039	0.010	0.014	0.019	0.024	0.029	0.034	0.039	0.044	0.049	0.054	0.059	0.064
	2040	0.010	0.014	0.019	0.024	0.029	0.034	0.039	0.044	0.049	0.054	0.059	0.064
	2041	0.010	0.013	0.018	0.023	0.029	0.034	0.039	0.044	0.049	0.054	0.059	0.064
	2042	0.010	0.013	0.018	0.023	0.028	0.033	0.038	0.043	0.048	0.053	0.058	0.063
	2043	0.010	0.013	0.018	0.023	0.028	0.033	0.038	0.043	0.048	0.053	0.058	0.063
	2044	0.010	0.013	0.018	0.023	0.028	0.033	0.038	0.043	0.048	0.053	0.058	0.063
	2045	0.010	0.013	0.018	0.023	0.028	0.033	0.038	0.043	0.048	0.053	0.058	0.063
	2046	0.010	0.013	0.018	0.023	0.028	0.033	0.038	0.043	0.048	0.053	0.058	0.063
	2047	0.010	0.013	0.018	0.023	0.028	0.033	0.038	0.043	0.048	0.053	0.058	0.063
	2048	0.010	0.013	0.018	0.023	0.028	0.033	0.038	0.043	0.048	0.053	0.058	0.063
	2049	0.010	0.013	0.018	0.023	0.028	0.033	0.038	0.043	0.048	0.053	0.058	0.063
	2050	0.010	0.013	0.018	0.023	0.028	0.033	0.038	0.043	0.048	0.053	0.058	0.063

资料来源：笔者自制。

三　购买力平价条件下，未来 GDP 变化情景模拟

随着中国的持续崛起，人民币对美元的汇率会持续升值，趋于购买力平价水平。接下来就按照汇率变动为购买力平价对上海未来发展进行情景分析。按照 2021 年购买力平均计算（4.19），[①] 上海 2021 年

---

① OECD, Purchasing power parities (PPP) (indicator), 2022.

的购买力平价 GDP 为 10313.6 国际元,北京的购买力平价 GDP 为 9610.74 国际元,深圳的购买力平价 GDP 为 7318.38 国际元,纽约的购买力平价 GDP 为 11029.52 国际元,东京的购买力平价 GDP 为 10994.27 国际元,伦敦的购买力平价 GDP 为 6920.78 国际元,巴黎的购买力平价 GDP 为 7642.71 国际元,新加坡的购买力平价为 5853.44 国际元。在购买力平价条件下,上海和纽约、东京的 GDP 差异不大,因而本部分主要分析上海与纽约、东京的经济增长率情况,然后分析上海与其他城市的倍数关系。

表 17.14 表示在购买力平价条件下纽约以一定的经济增长率进行增长时,上海要想实现赶超必须具备的经济增长率水平。具体而言,若纽约的经济总量以年均 0.5% 的增长率进行增长,上海想要在 2035 年经济总量超过纽约,其经济增长率必须达到年均 1.0%;若纽约的经济总量以年均 5.0% 的增长率进行增长,上海要想在 2035 年超过纽约,其经济增长率必须达到 5.6%。总体而言,只要上海的经济增速以高于纽约 0.5% 的增长率进行增长时,上海就可以实现赶超。

表 17.14 上海具体年度对纽约有一定增长率实现追赶的所具有的增长率

		纽约增长率											
	年份	0.005	0.010	0.015	0.020	0.025	0.030	0.035	0.040	0.045	0.050	0.055	0.060
上海增长率	2022	0.075	0.081	0.086	0.091	0.097	0.102	0.107	0.113	0.118	0.123	0.129	0.134
	2023	0.040	0.045	0.050	0.055	0.060	0.066	0.071	0.076	0.081	0.086	0.092	0.097
	2024	0.028	0.033	0.038	0.044	0.049	0.054	0.059	0.064	0.069	0.074	0.079	0.084
	2025	0.023	0.028	0.033	0.038	0.043	0.048	0.053	0.058	0.063	0.068	0.073	0.078
	2026	0.019	0.024	0.029	0.034	0.039	0.044	0.049	0.055	0.060	0.065	0.070	0.075
	2027	0.017	0.022	0.027	0.032	0.037	0.042	0.047	0.052	0.057	0.062	0.067	0.072

续表

	年份	纽约增长率											
		0.005	0.010	0.015	0.020	0.025	0.030	0.035	0.040	0.045	0.050	0.055	0.060
上海增长率	2028	0.015	0.020	0.025	0.030	0.035	0.040	0.045	0.051	0.056	0.061	0.066	0.071
	2029	0.014	0.019	0.024	0.029	0.034	0.039	0.044	0.049	0.054	0.059	0.064	0.069
	2030	0.013	0.018	0.023	0.028	0.033	0.038	0.043	0.048	0.053	0.058	0.063	0.068
	2031	0.012	0.017	0.022	0.027	0.032	0.037	0.042	0.048	0.053	0.058	0.063	0.068
	2032	0.012	0.017	0.022	0.027	0.032	0.037	0.042	0.047	0.052	0.057	0.062	0.067
	2033	0.011	0.016	0.021	0.026	0.031	0.036	0.041	0.046	0.051	0.056	0.061	0.066
	2034	0.011	0.016	0.021	0.026	0.031	0.036	0.041	0.046	0.051	0.056	0.061	0.066
	2035	0.010	0.015	0.020	0.025	0.030	0.035	0.040	0.045	0.051	0.056	0.061	0.066
	2036	0.010	0.015	0.020	0.025	0.030	0.035	0.040	0.045	0.050	0.055	0.060	0.065
	2037	0.010	0.015	0.020	0.025	0.030	0.035	0.040	0.045	0.050	0.055	0.060	0.065
	2038	0.010	0.014	0.020	0.025	0.030	0.035	0.040	0.045	0.050	0.055	0.060	0.065
	2039	0.010	0.014	0.019	0.024	0.029	0.034	0.039	0.044	0.049	0.054	0.059	0.064
	2040	0.010	0.014	0.019	0.024	0.029	0.034	0.039	0.044	0.049	0.054	0.059	0.064
	2041	0.010	0.014	0.019	0.024	0.029	0.034	0.039	0.044	0.049	0.054	0.059	0.064
	2042	0.010	0.014	0.019	0.024	0.029	0.034	0.039	0.044	0.049	0.054	0.059	0.064
	2043	0.010	0.014	0.019	0.024	0.029	0.034	0.039	0.044	0.049	0.054	0.059	0.064
	2044	0.010	0.013	0.018	0.023	0.028	0.034	0.039	0.044	0.049	0.054	0.059	0.064
	2045	0.010	0.013	0.018	0.023	0.028	0.033	0.038	0.043	0.048	0.053	0.058	0.063
	2046	0.010	0.013	0.018	0.023	0.028	0.033	0.038	0.043	0.048	0.053	0.058	0.063
	2047	0.010	0.013	0.018	0.023	0.028	0.033	0.038	0.043	0.048	0.053	0.058	0.063
	2048	0.010	0.013	0.018	0.023	0.028	0.033	0.038	0.043	0.048	0.053	0.058	0.063
	2049	0.010	0.013	0.018	0.023	0.028	0.033	0.038	0.043	0.048	0.053	0.058	0.063
	2050	0.010	0.013	0.018	0.023	0.028	0.033	0.038	0.043	0.048	0.053	0.058	0.063

资料来源：笔者自制。

表 17.15 表示在购买力平价条件下，东京以一定的经济增长率进行增长时，上海想要在特定年度实现赶超所必须要达到的年均经济增

长率水平。具体而言，若东京以一定的年均增长率进行增长，上海想要在 2035 年经济总量超过东京，其年均经济增长率只要稍高于东京即可。但是若上海的经济总量想提前超过东京，如东京以 2.0% 的经济增长率进行增长，上海想要在 2025 年超过东京，其年均经济增长率则需要达到 3.7%，若想要在 2030 年超过东京，其年均增长率需要达到 2.8%。其他情况，以此类推。

表 17.15　上海具体年度对东京有一定增长率实现追赶的所具有的增长率

年份	东京增长率											
	0.005	0.010	0.015	0.020	0.025	0.030	0.035	0.040	0.045	0.050	0.055	0.060
2022	0.072	0.077	0.082	0.088	0.093	0.098	0.104	0.109	0.114	0.120	0.125	0.130
2023	0.038	0.043	0.048	0.054	0.059	0.064	0.069	0.074	0.079	0.085	0.090	0.095
2024	0.027	0.032	0.037	0.042	0.048	0.053	0.058	0.063	0.068	0.073	0.078	0.083
2025	0.022	0.027	0.032	0.037	0.042	0.047	0.052	0.057	0.062	0.067	0.072	0.078
2026	0.018	0.023	0.029	0.034	0.039	0.044	0.049	0.054	0.059	0.064	0.069	0.074
2027	0.016	0.021	0.026	0.031	0.036	0.042	0.047	0.052	0.057	0.062	0.067	0.072
2028	0.015	0.020	0.025	0.030	0.035	0.040	0.045	0.050	0.055	0.060	0.065	0.070
2029	0.014	0.019	0.024	0.029	0.034	0.039	0.044	0.049	0.054	0.059	0.064	0.069
2030	0.013	0.018	0.023	0.028	0.033	0.038	0.043	0.048	0.053	0.058	0.063	0.068
2031	0.012	0.017	0.022	0.027	0.032	0.037	0.042	0.047	0.052	0.057	0.062	0.067
2032	0.011	0.016	0.021	0.026	0.031	0.037	0.042	0.047	0.052	0.057	0.062	0.067
2033	0.011	0.016	0.021	0.026	0.031	0.036	0.041	0.046	0.051	0.056	0.061	0.066
2034	0.010	0.015	0.021	0.026	0.031	0.036	0.041	0.046	0.051	0.056	0.061	0.066
2035	0.010	0.015	0.020	0.025	0.030	0.035	0.040	0.045	0.050	0.055	0.060	0.065
2036	0.010	0.015	0.020	0.025	0.030	0.035	0.040	0.045	0.050	0.055	0.060	0.065
2037	0.010	0.015	0.020	0.025	0.030	0.035	0.040	0.045	0.050	0.055	0.060	0.065
2038	0.010	0.014	0.019	0.024	0.029	0.034	0.039	0.044	0.049	0.054	0.059	0.064
2039	0.010	0.014	0.019	0.024	0.029	0.034	0.039	0.044	0.049	0.054	0.059	0.064

注：左侧表头为"上海增长率"。

续表

		东京增长率											
	年份	0.005	0.010	0.015	0.020	0.025	0.030	0.035	0.040	0.045	0.050	0.055	0.060
上海增长率	2040	0.010	0.014	0.019	0.024	0.029	0.034	0.039	0.044	0.049	0.054	0.059	0.064
	2041	0.010	0.014	0.019	0.024	0.029	0.034	0.039	0.044	0.049	0.054	0.059	0.064
	2042	0.010	0.014	0.019	0.024	0.029	0.034	0.039	0.044	0.049	0.054	0.059	0.064
	2043	0.010	0.013	0.018	0.023	0.028	0.033	0.039	0.044	0.049	0.054	0.059	0.064
	2044	0.010	0.013	0.018	0.023	0.028	0.033	0.038	0.043	0.048	0.053	0.058	0.063
	2045	0.010	0.013	0.018	0.023	0.028	0.033	0.038	0.043	0.048	0.053	0.058	0.063
	2046	0.010	0.013	0.018	0.023	0.028	0.033	0.038	0.043	0.048	0.053	0.058	0.063
	2047	0.010	0.013	0.018	0.023	0.028	0.033	0.038	0.043	0.048	0.053	0.058	0.063
	2048	0.010	0.013	0.018	0.023	0.028	0.033	0.038	0.043	0.048	0.053	0.058	0.063
	2049	0.010	0.013	0.018	0.023	0.028	0.033	0.038	0.043	0.048	0.053	0.058	0.063
	2050	0.010	0.013	0.018	0.023	0.028	0.033	0.038	0.043	0.048	0.053	0.058	0.063

资料来源：笔者自制。

表 17.16 表示在购买力平价条件下，上海、伦敦均以一定的经济增长率进行增长时，2025—2035 年上海的 GDP 是伦敦的倍数。具体而言，在购买力平价条件下，上海的 GDP 将相对于汇率条件有大幅提升，从而相对于固定汇率，在一定增长率条件下，上海的 GDP 是伦敦的倍数将更大。从具体数值来看，若上海以年均 4% 的增长率进行增长，伦敦分别以 2%、3%、4% 的年均增长率进行增长，到 2035 年上海的 GDP 将是伦敦的 1.96 倍、1.71 倍和 1.49 倍。

表 17.16　在购买力平价和一定增长率条件下上海 GDP 是伦敦的倍数

上海预计增长率	伦敦预计增长率	2025 年倍数	2030 年倍数	2031 年倍数	2032 年倍数	2033 年倍数	2034 年倍数	2035 年倍数
0.03	0.01	1.61	1.78	1.81	1.85	1.89	1.92	1.96

续表

上海预计增长率	伦敦预计增长率	2025 年倍数	2030 年倍数	2031 年倍数	2032 年倍数	2033 年倍数	2034 年倍数	2035 年倍数
0.03	0.02	1.55	1.63	1.64	1.66	1.68	1.69	1.71
0.03	0.03	1.49	1.49	1.49	1.49	1.49	1.49	1.49
0.03	0.04	1.43	1.37	1.35	1.34	1.33	1.31	1.30
0.03	0.05	1.38	1.25	1.23	1.21	1.18	1.16	1.14
0.03	0.06	1.33	1.15	1.12	1.09	1.06	1.03	1.00
0.04	0.01	1.68	1.94	2.00	2.06	2.12	2.18	2.25
0.04	0.02	1.61	1.77	1.81	1.85	1.88	1.92	1.96
0.04	0.03	1.55	1.63	1.64	1.66	1.67	1.69	1.71
0.04	0.04	1.49	1.49	1.49	1.49	1.49	1.49	1.49
0.04	0.05	1.43	1.37	1.35	1.34	1.33	1.32	1.30
0.04	0.06	1.38	1.26	1.23	1.21	1.19	1.16	1.14
0.05	0.01	1.74	2.11	2.20	2.28	2.38	2.47	2.57
0.05	0.02	1.67	1.93	1.99	2.05	2.11	2.17	2.24
0.05	0.03	1.61	1.77	1.81	1.84	1.88	1.91	1.95
0.05	0.04	1.55	1.62	1.64	1.66	1.67	1.69	1.70
0.05	0.05	1.49	1.49	1.49	1.49	1.49	1.49	1.49
0.05	0.06	1.43	1.37	1.36	1.34	1.33	1.32	1.31
0.06	0.01	1.81	2.30	2.42	2.54	2.66	2.79	2.93
0.06	0.02	1.74	2.11	2.19	2.28	2.36	2.46	2.55
0.06	0.03	1.67	1.93	1.99	2.04	2.10	2.16	2.23
0.06	0.04	1.61	1.77	1.80	1.84	1.87	1.91	1.95
0.06	0.05	1.55	1.62	1.64	1.65	1.67	1.69	1.70
0.06	0.06	1.49	1.49	1.49	1.49	1.49	1.49	1.49

资料来源：笔者自制。

表 17.17 表示在购买力平价条件下，上海、巴黎均以一定的经济增长率进行增长时，2025—2035 年上海的 GDP 是巴黎的倍数。具体

而言，在购买力平价条件下，若上海以年均 4% 的增长率进行增长，巴黎分别以 2%、3%、4% 的年均增长率进行增长，到 2035 年上海的 GDP 将是巴黎的 1.77 倍、1.54 倍和 1.35 倍；若上海以年均 5% 的增长率进行增长，巴黎分别以 2%、3%、4% 的年均增长率进行增长时，到 2035 年上海的 GDP 将是巴黎的 2.02 倍、1.77 倍和 1.54 倍。

表 17.17　在购买力平价和一定增长率条件下上海 GDP 是巴黎的倍数

上海预计增长率	巴黎预计增长率	2025 年倍数	2030 年倍数	2031 年倍数	2032 年倍数	2033 年倍数	2034 年倍数	2035 年倍数
0.03	0.01	1.46	1.61	1.64	1.67	1.71	1.74	1.78
0.03	0.02	1.40	1.47	1.49	1.50	1.52	1.53	1.55
0.03	0.03	1.35	1.35	1.35	1.35	1.35	1.35	1.35
0.03	0.04	1.30	1.24	1.23	1.21	1.20	1.19	1.18
0.03	0.05	1.25	1.13	1.11	1.09	1.07	1.05	1.03
0.03	0.06	1.20	1.04	1.01	0.98	0.96	0.93	0.90
0.04	0.01	1.52	1.76	1.81	1.86	1.92	1.97	2.03
0.04	0.02	1.46	1.61	1.64	1.67	1.70	1.74	1.77
0.04	0.03	1.40	1.47	1.49	1.50	1.52	1.53	1.54
0.04	0.04	1.35	1.35	1.35	1.35	1.35	1.35	1.35
0.04	0.05	1.30	1.24	1.23	1.21	1.20	1.19	1.18
0.04	0.06	1.25	1.14	1.12	1.09	1.07	1.05	1.03
0.05	0.01	1.58	1.91	1.99	2.07	2.15	2.24	2.32
0.05	0.02	1.52	1.75	1.80	1.86	1.91	1.97	2.02
0.05	0.03	1.46	1.60	1.64	1.67	1.70	1.73	1.77
0.05	0.04	1.40	1.47	1.48	1.50	1.51	1.53	1.54
0.05	0.05	1.35	1.35	1.35	1.35	1.35	1.35	1.35
0.05	0.06	1.30	1.24	1.23	1.22	1.20	1.19	1.18
0.06	0.01	1.64	2.08	2.19	2.30	2.41	2.53	2.65

续表

上海预计增长率	巴黎预计增长率	2025 年倍数	2030 年倍数	2031 年倍数	2032 年倍数	2033 年倍数	2034 年倍数	2035 年倍数
0.06	0.02	1.57	1.91	1.98	2.06	2.14	2.23	2.31
0.06	0.03	1.51	1.75	1.80	1.85	1.90	1.96	2.02
0.06	0.04	1.46	1.60	1.63	1.66	1.70	1.73	1.76
0.06	0.05	1.40	1.47	1.48	1.50	1.51	1.53	1.54
0.06	0.06	1.35	1.35	1.35	1.35	1.35	1.35	1.35

资料来源：笔者自制。

表 17.18 表示在购买力平价条件下，上海、新加坡均以一定的经济增长率进行增长时，2025—2035 年上海的 GDP 是新加坡的倍数。具体而言，在购买力平价条件下，若上海以年均 4% 的增长率进行增长，新加坡分别以 2%、3%、4%、5% 的年均增长率进行增长，到 2030 年上海的 GDP 将是新加坡的 2.10 倍、1.92 倍、1.76 倍和 1.62 倍，到 2035 年上海的 GDP 将是新加坡的 2.31 倍、2.02 倍、1.76 倍、1.54 倍。若一直能保持现有的发展趋势，以年均 6% 的增长率进行增长，当新加坡分别以 2%、3%、4%、5% 的年均增长率进行增长时，到 2035 年，在购买力平价条件下，上海的 GDP 将是新加坡的 3.02 倍、2.63 倍、2.30 倍和 2.01 倍。

表 17.18　在购买力平价和一定增长率条件下上海 GDP 是新加坡的倍数

上海预计增长率	新加坡预计增长率	2025 年倍数	2030 年倍数	2031 年倍数	2032 年倍数	2033 年倍数	2034 年倍数	2035 年倍数
0.03	0.01	1.91	2.10	2.14	2.19	2.23	2.27	2.32
0.03	0.02	1.83	1.92	1.94	1.96	1.98	2.00	2.02

续表

上海预计增长率	新加坡预计增长率	2025年倍数	2030年倍数	2031年倍数	2032年倍数	2033年倍数	2034年倍数	2035年倍数
0.03	0.03	1.76	1.76	1.76	1.76	1.76	1.76	1.76
0.03	0.04	1.70	1.62	1.60	1.58	1.57	1.55	1.54
0.03	0.05	1.63	1.48	1.45	1.43	1.40	1.37	1.35
0.03	0.06	1.57	1.36	1.32	1.28	1.25	1.21	1.18
0.04	0.01	1.98	2.29	2.36	2.43	2.50	2.58	2.65
0.04	0.02	1.90	2.10	2.14	2.18	2.22	2.27	2.31
0.04	0.03	1.83	1.92	1.94	1.96	1.98	2.00	2.02
0.04	0.04	1.76	1.76	1.76	1.76	1.76	1.76	1.76
0.04	0.05	1.70	1.62	1.60	1.59	1.57	1.56	1.54
0.04	0.06	1.63	1.48	1.46	1.43	1.40	1.38	1.35
0.05	0.01	2.06	2.50	2.60	2.70	2.81	2.92	3.03
0.05	0.02	1.98	2.29	2.35	2.42	2.49	2.57	2.64
0.05	0.03	1.90	2.09	2.14	2.18	2.22	2.26	2.31
0.05	0.04	1.83	1.92	1.94	1.96	1.98	2.00	2.01
0.05	0.05	1.76	1.76	1.76	1.76	1.76	1.76	1.76
0.05	0.06	1.70	1.62	1.60	1.59	1.57	1.56	1.54
0.06	0.01	2.14	2.72	2.86	3.00	3.15	3.30	3.47
0.06	0.02	2.06	2.49	2.59	2.69	2.80	2.91	3.02
0.06	0.03	1.98	2.28	2.35	2.42	2.49	2.56	2.63
0.06	0.04	1.90	2.09	2.13	2.17	2.21	2.26	2.30
0.06	0.05	1.83	1.92	1.94	1.96	1.97	1.99	2.01
0.06	0.06	1.76	1.76	1.76	1.76	1.76	1.76	1.76

资料来源：笔者自制。

四 购买力平价条件下，未来人均GDP变化情景模拟

此处，我们同样分析在购买力平价条件下上海和纽约、东京、伦敦、巴黎、新加坡等城市的人均 GDP 以一定增长率变化的情况。按照购买力平均计算，纽约的购买力平价人均 GDP 为 134011. 33 国际元，东京的购买力平价人均 GDP 为 78597. 12 国际元，上海的购买力平价人均 GDP 为 41430. 08 国际元，伦敦的购买力平价人均 GDP 为 73425. 14 国际元，巴黎的购买力平价人均 GDP 为 68986. 57 国际元，新加坡的购买力平价人均 GDP 为 107402. 57 国际元。

表 17. 19 表示在购买力平价条件下，纽约的人均 GDP 以一定的增长率进行增长时，上海的人均 GDP 要想实现赶超所必须要达到的增长率水平。从表 17. 19 的结果可以看出，当纽约以 0. 5% 的增长率进行增长，如若上海想要在 2035 年对纽约实现赶超，其人均 GDP 增长率必须达到 9. 3% 。若纽约以 1. 0% 的增长率进行增长，上海想要在 2035 年对纽约实现赶超，其人均 GDP 增长率必须达到 9. 9% 。若纽约分别以 1. 5% 、2. 0% 、2. 5% 、3. 0% 、3. 5% 、4. 0% 、4. 5% 、5. 0% 的增长率进行增长，上海想要在 2035 年对纽约实现赶超，其人均 GDP 增长率分别必须达到 10. 4% 、11. 0% 、11. 5% 、12. 1% 、12. 6% 、13. 1% 、13. 7% 、14. 2% 。总体而言，相对于固定汇率而言，在购买力平价条件下对上海的人均 GDP 增长率要求有明显降低，但是仍然还有较大的难度，因此上海要想实现赶超必须要将目光放得更加长远。其他情况，也是如此。

表 17.19 上海具体年度对纽约有一定增长率实现追赶的所具有的增长率

		纽约增长率											
	年份	0.005	0.010	0.015	0.020	0.025	0.030	0.035	0.040	0.045	0.050	0.055	0.060
上海增长率	2028	0.189	0.195										
	2029	0.164	0.170	0.176	0.182	0.188	0.193	0.199					
	2030	0.146	0.151	0.157	0.163	0.168	0.174	0.180	0.185	0.191	0.197		
	2031	0.131	0.136	0.142	0.148	0.153	0.159	0.164	0.170	0.176	0.181	0.187	0.193
	2032	0.119	0.124	0.130	0.135	0.141	0.147	0.152	0.158	0.163	0.169	0.174	0.180
	2033	0.109	0.114	0.120	0.125	0.131	0.136	0.142	0.147	0.153	0.158	0.164	0.169
	2034	0.100	0.106	0.111	0.117	0.122	0.128	0.133	0.139	0.144	0.150	0.155	0.161
	2035	0.093	0.099	0.104	0.110	0.115	0.121	0.126	0.131	0.137	0.142	0.148	0.153
	2036	0.087	0.093	0.098	0.104	0.109	0.114	0.120	0.125	0.131	0.136	0.141	0.147
	2037	0.082	0.087	0.093	0.098	0.104	0.109	0.114	0.120	0.125	0.130	0.136	0.141
	2038	0.077	0.083	0.088	0.093	0.099	0.104	0.109	0.115	0.120	0.126	0.131	0.136
	2039	0.073	0.079	0.084	0.089	0.095	0.100	0.105	0.111	0.116	0.121	0.127	0.132
	2040	0.070	0.075	0.080	0.086	0.091	0.096	0.101	0.107	0.112	0.117	0.123	0.128
	2041	0.066	0.072	0.077	0.082	0.087	0.093	0.098	0.103	0.109	0.114	0.119	0.125
	2042	0.063	0.069	0.074	0.079	0.084	0.090	0.095	0.100	0.106	0.111	0.116	0.121
	2043	0.061	0.066	0.071	0.076	0.082	0.087	0.092	0.098	0.103	0.108	0.113	0.119
	2044	0.058	0.063	0.069	0.074	0.079	0.084	0.090	0.095	0.100	0.105	0.111	0.116
	2045	0.056	0.061	0.066	0.072	0.077	0.082	0.087	0.093	0.098	0.103	0.108	0.114
	2046	0.054	0.059	0.064	0.070	0.075	0.080	0.085	0.090	0.096	0.101	0.106	0.111
	2047	0.052	0.057	0.062	0.068	0.073	0.078	0.083	0.089	0.094	0.099	0.104	0.109
	2048	0.050	0.055	0.061	0.066	0.071	0.076	0.081	0.087	0.092	0.097	0.102	0.108
	2049	0.049	0.054	0.059	0.064	0.069	0.075	0.080	0.085	0.090	0.095	0.101	0.106
	2050	0.047	0.052	0.057	0.063	0.068	0.073	0.078	0.083	0.089	0.094	0.099	0.104

资料来源：笔者自制。

表 17.20 表示在购买力平价条件下，东京的人均 GDP 以一定的增长率进行增长时，上海的人均 GDP 要想实现赶超所必须要达到的增

长率水平。从表 17.20 的结果可以看出，当东京以 0.5% 的增长率进行增长，如若上海想要在 2035 年对东京实现赶超，其人均 GDP 增长率必须达到 5.3%，2050 年对东京实现赶超，其人均 GDP 增长率则必须达到 2.8%。若东京以 1.0% 的增长率进行增长，上海想要在 2035 年对东京实现赶超，其人均 GDP 增长率必须达到 5.8%，2050 年对东京实现赶超，其人均 GDP 增长率则必须达到 3.3%。但当东京的人均 GDP 增长率处于降低状态时，对上海的增长率要求则会更低。其他情况如表 17.20 所示。

表 17.20 上海具体年度对东京有一定增长率实现追赶的所具有的增长率

		东京增长率											
	年份	0.005	0.010	0.015	0.020	0.025	0.030	0.035	0.040	0.045	0.050	0.055	0.060
上海增长率	2025	0.180	0.186	0.192	0.198								
	2026	0.143	0.148	0.154	0.160	0.166	0.171	0.177	0.183	0.188	0.194	0.200	
	2027	0.119	0.124	0.130	0.135	0.141	0.147	0.152	0.158	0.163	0.169	0.174	0.180
	2028	0.102	0.107	0.113	0.118	0.124	0.129	0.135	0.140	0.146	0.151	0.157	0.162
	2029	0.089	0.095	0.100	0.105	0.111	0.116	0.122	0.127	0.133	0.138	0.143	0.149
	2030	0.080	0.085	0.090	0.096	0.101	0.106	0.112	0.117	0.123	0.128	0.133	0.139
	2031	0.072	0.077	0.083	0.088	0.093	0.099	0.104	0.109	0.115	0.120	0.125	0.131
	2032	0.066	0.071	0.076	0.082	0.087	0.092	0.098	0.103	0.108	0.113	0.119	0.124
	2033	0.061	0.066	0.071	0.076	0.082	0.087	0.092	0.098	0.103	0.108	0.113	0.119
	2034	0.056	0.061	0.067	0.072	0.077	0.083	0.088	0.093	0.098	0.104	0.109	0.114
	2035	0.053	0.058	0.063	0.068	0.073	0.079	0.084	0.089	0.094	0.100	0.105	0.110
	2036	0.049	0.055	0.060	0.065	0.070	0.075	0.081	0.086	0.091	0.096	0.102	0.107
	2037	0.047	0.052	0.057	0.062	0.067	0.073	0.078	0.083	0.088	0.093	0.099	0.104
	2038	0.044	0.049	0.054	0.060	0.065	0.070	0.075	0.080	0.086	0.091	0.096	0.101
	2039	0.042	0.047	0.052	0.057	0.063	0.068	0.073	0.078	0.083	0.089	0.094	0.099

续表

| | 年份 | 东京增长率 | | | | | | | | | | | |
		0.005	0.010	0.015	0.020	0.025	0.030	0.035	0.040	0.045	0.050	0.055	0.060
上海增长率	2040	0.040	0.045	0.050	0.055	0.061	0.066	0.071	0.076	0.081	0.086	0.092	0.097
	2041	0.038	0.043	0.049	0.054	0.059	0.064	0.069	0.074	0.079	0.085	0.090	0.095
	2042	0.037	0.042	0.047	0.052	0.057	0.062	0.068	0.073	0.078	0.083	0.088	0.093
	2043	0.035	0.040	0.045	0.051	0.056	0.061	0.066	0.071	0.076	0.082	0.087	0.092
	2044	0.034	0.039	0.044	0.049	0.054	0.060	0.065	0.070	0.075	0.080	0.085	0.090
	2045	0.033	0.038	0.043	0.048	0.053	0.058	0.063	0.069	0.074	0.079	0.084	0.089
	2046	0.032	0.037	0.042	0.047	0.052	0.057	0.062	0.067	0.073	0.078	0.083	0.088
	2047	0.031	0.036	0.041	0.046	0.051	0.056	0.061	0.066	0.072	0.077	0.082	0.087
	2048	0.030	0.035	0.040	0.045	0.050	0.055	0.060	0.065	0.071	0.076	0.081	0.086
	2049	0.029	0.034	0.039	0.044	0.049	0.054	0.059	0.065	0.070	0.075	0.080	0.085
	2050	0.028	0.033	0.038	0.043	0.048	0.053	0.059	0.064	0.069	0.074	0.079	0.084

资料来源：笔者自制。

表17.21表示在购买力平价条件下，伦敦的人均GDP以一定的增长率进行增长时，上海的人均GDP要想实现赶超所必须要达到的增长率水平。从表17.21的结果可以看出，当伦敦以0.5%的增长率进行增长，如若上海想要在2035年对伦敦实现赶超，其人均GDP增长率必须达到4.7%，要想在2050年对伦敦的购买力平价人均GDP实现赶超，则其增长率必须达到2.6%。若伦敦以1.0%的增长率进行增长，上海想要在2035年对其实现赶超，其人均GDP增长率必须达到5.3%。总体而言，相对于固定汇率而言，在购买力平价条件下对上海的人均GDP增长率要求有明显降低，但是仍然还有较大的难度，若上海的人均GDP以较低的增长率进行增长，那么想要对伦敦实现赶超的时间将会更远。

表 17.21 上海具体年度对伦敦有一定增长率实现追赶的所具有的增长率

年份	伦敦增长率											
	0.005	0.010	0.015	0.020	0.025	0.030	0.035	0.040	0.045	0.050	0.055	0.060
2025	0.160	0.166	0.172	0.177	0.183	0.189	0.195	0.200				
2026	0.127	0.133	0.139	0.144	0.150	0.155	0.161	0.167	0.172	0.178	0.183	0.189
2027	0.106	0.112	0.117	0.123	0.128	0.134	0.139	0.145	0.150	0.156	0.161	0.167
2028	0.091	0.097	0.102	0.107	0.113	0.118	0.124	0.129	0.135	0.140	0.145	0.151
2029	0.080	0.085	0.091	0.096	0.102	0.107	0.112	0.118	0.123	0.128	0.134	0.139
2030	0.071	0.077	0.082	0.087	0.093	0.098	0.103	0.109	0.114	0.119	0.125	0.130
2031	0.065	0.070	0.075	0.081	0.086	0.091	0.096	0.102	0.107	0.112	0.118	0.123
2032	0.059	0.064	0.070	0.075	0.080	0.086	0.091	0.096	0.101	0.107	0.112	0.117
2033	0.055	0.060	0.065	0.070	0.076	0.081	0.086	0.091	0.097	0.102	0.107	0.112
2034	0.051	0.056	0.061	0.066	0.072	0.077	0.082	0.087	0.093	0.098	0.103	0.108
2035	0.047	0.053	0.058	0.063	0.068	0.073	0.079	0.084	0.089	0.094	0.100	0.105
2036	0.045	0.050	0.055	0.060	0.065	0.071	0.076	0.081	0.086	0.091	0.097	0.102
2037	0.042	0.047	0.052	0.058	0.063	0.068	0.073	0.078	0.084	0.089	0.094	0.099
2038	0.040	0.045	0.050	0.055	0.061	0.066	0.071	0.076	0.081	0.086	0.092	0.097
2039	0.038	0.043	0.048	0.053	0.059	0.064	0.069	0.074	0.079	0.084	0.09	0.095
2040	0.036	0.041	0.047	0.052	0.057	0.062	0.067	0.072	0.077	0.083	0.088	0.093
2041	0.035	0.040	0.045	0.050	0.055	0.060	0.066	0.071	0.076	0.081	0.086	0.091
2042	0.033	0.038	0.044	0.049	0.054	0.059	0.064	0.069	0.074	0.080	0.085	0.090
2043	0.032	0.037	0.042	0.047	0.053	0.058	0.063	0.068	0.073	0.078	0.083	0.088
2044	0.031	0.036	0.041	0.046	0.051	0.056	0.062	0.067	0.072	0.077	0.082	0.087
2045	0.030	0.035	0.040	0.045	0.050	0.055	0.060	0.066	0.071	0.076	0.081	0.086
2046	0.029	0.034	0.039	0.044	0.049	0.054	0.059	0.065	0.070	0.075	0.080	0.085
2047	0.028	0.033	0.038	0.043	0.048	0.053	0.059	0.064	0.069	0.074	0.079	0.084
2048	0.027	0.032	0.037	0.042	0.047	0.053	0.058	0.063	0.068	0.073	0.078	0.083
2049	0.026	0.031	0.036	0.042	0.047	0.052	0.057	0.062	0.067	0.072	0.077	0.082
2050	0.026	0.031	0.036	0.041	0.046	0.051	0.056	0.061	0.066	0.071	0.077	0.082

（左侧纵栏标注：上海增长率）

资料来源：笔者自制。

表 17.22 表示在购买力平价条件下，巴黎的人均 GDP 以一定的增长率进行增长时，上海的人均 GDP 要想实现赶超所必须要达到的增长率水平。从表 17.22 的结果可以看出，当巴黎以 0.5% 的增长率进行增长，如若上海想要在 2035 年对巴黎实现赶超，其人均 GDP 增长率必须达到 4.3%。若巴黎以 1.0% 的增长率进行增长，上海想要在 2035 年对巴黎实现赶超，其人均 GDP 增长率必须达到 4.8%。若巴黎分别以 1.5%、2.0%、2.5%、3.0%、3.5%、4.0%、4.5%、5.0% 的增长率进行增长，在购买力平价条件下，上海想要在 2035 年对巴黎实现赶超，其人均 GDP 增长率分别必须达到 5.3%、5.8%、6.4%、6.9%、7.4%、7.9%、8.4%、8.9%。

表 17.22 上海具体年度对巴黎有一定增长率实现追赶的所具有的增长率

		巴黎增长率											
	年份	0.005	0.010	0.015	0.020	0.025	0.030	0.035	0.040	0.045	0.050	0.055	0.060
上海增长率	2024	0.192	0.198										
	2025	0.142	0.148	0.153	0.159	0.165	0.171	0.176	0.182	0.188	0.193	0.199	
	2026	0.113	0.119	0.124	0.130	0.136	0.141	0.147	0.152	0.158	0.163	0.169	0.174
	2027	0.095	0.100	0.106	0.111	0.116	0.122	0.127	0.133	0.138	0.144	0.149	0.155
	2028	0.081	0.087	0.092	0.098	0.103	0.108	0.114	0.119	0.124	0.130	0.135	0.141
	2029	0.072	0.077	0.082	0.088	0.093	0.098	0.104	0.109	0.114	0.120	0.125	0.130
	2030	0.064	0.069	0.075	0.080	0.085	0.091	0.096	0.101	0.106	0.112	0.117	0.122
	2031	0.058	0.063	0.069	0.074	0.079	0.084	0.090	0.095	0.100	0.105	0.111	0.116
	2032	0.053	0.058	0.064	0.069	0.074	0.079	0.085	0.090	0.095	0.100	0.106	0.111
	2033	0.049	0.054	0.060	0.065	0.070	0.075	0.080	0.086	0.091	0.096	0.101	0.107
	2034	0.046	0.051	0.056	0.061	0.067	0.072	0.077	0.082	0.087	0.093	0.098	0.103
	2035	0.043	0.048	0.053	0.058	0.064	0.069	0.074	0.079	0.084	0.089	0.095	0.100

续表

年份	巴黎增长率											
	0.005	0.010	0.015	0.020	0.025	0.030	0.035	0.040	0.045	0.050	0.055	0.060
2036	0.040	0.045	0.051	0.056	0.061	0.066	0.071	0.076	0.082	0.087	0.092	0.097
2037	0.038	0.043	0.048	0.054	0.059	0.064	0.069	0.074	0.079	0.085	0.090	0.095
2038	0.036	0.041	0.046	0.052	0.057	0.062	0.067	0.072	0.077	0.082	0.088	0.093
2039	0.034	0.040	0.045	0.050	0.055	0.060	0.065	0.070	0.076	0.081	0.086	0.091
2040	0.033	0.038	0.043	0.048	0.053	0.059	0.064	0.069	0.074	0.079	0.084	0.089
2041	0.031	0.037	0.042	0.047	0.052	0.057	0.062	0.067	0.072	0.078	0.083	0.088
2042	0.030	0.035	0.040	0.046	0.051	0.056	0.061	0.066	0.071	0.076	0.081	0.087
2043	0.029	0.034	0.039	0.044	0.050	0.055	0.060	0.065	0.070	0.075	0.080	0.085
2044	0.028	0.033	0.038	0.043	0.048	0.054	0.059	0.064	0.069	0.074	0.079	0.084
2045	0.027	0.032	0.037	0.042	0.048	0.053	0.058	0.063	0.068	0.073	0.078	0.083
2046	0.026	0.031	0.036	0.042	0.047	0.052	0.057	0.062	0.067	0.072	0.077	0.082
2047	0.025	0.031	0.036	0.041	0.046	0.051	0.056	0.061	0.066	0.071	0.076	0.081
2048	0.025	0.030	0.035	0.040	0.045	0.050	0.055	0.060	0.065	0.071	0.076	0.081
2049	0.024	0.029	0.034	0.039	0.044	0.049	0.055	0.060	0.065	0.070	0.075	0.080
2050	0.023	0.028	0.034	0.039	0.044	0.049	0.054	0.059	0.064	0.069	0.074	0.079

（左侧纵向表头：上海增长率）

资料来源：笔者自制。

表17.23表示在购买力平价条件下，新加坡的人均GDP以一定的增长率进行增长时，上海的人均GDP要想实现赶超所必须要达到的增长率水平。从表17.23的结果可以看出，当新加坡以0.5%的增长率进行增长，如若上海想要在2035年对新加坡实现赶超，其人均GDP增长率必须达到7.6%，要想在2050年对新加坡的购买力平价人均GDP实现赶超，则其增长率必须达到3.9%。若新加坡以4.0%的增长率进行增长，上海想要在2035年对其实现赶超，其人均GDP增长率必须达到11.4%，若要在2050年对新加坡实现赶超，其人均

GDP 增长率则必须要达到 7.5%。总体与纽约的情况相类似，对上海的人均 GDP 增长率要求较高。

表 17.23　上海具体年度对新加坡有一定增长率实现追赶的所具有的增长率

	年份	新加坡增长率											
		0.005	0.010	0.015	0.020	0.025	0.030	0.035	0.040	0.045	0.050	0.055	0.060
上海增长率	2027	0.178	0.184	0.190	0.196								
	2028	0.152	0.158	0.163	0.169	0.175	0.181	0.186	0.192	0.198			
	2029	0.133	0.138	0.144	0.149	0.155	0.161	0.166	0.172	0.178	0.183	0.189	0.195
	2030	0.118	0.123	0.129	0.134	0.140	0.145	0.151	0.157	0.162	0.168	0.173	0.179
	2031	0.106	0.111	0.117	0.122	0.128	0.133	0.139	0.144	0.150	0.155	0.161	0.166
	2032	0.096	0.102	0.107	0.113	0.118	0.124	0.129	0.135	0.140	0.145	0.151	0.156
	2033	0.089	0.094	0.099	0.105	0.110	0.116	0.121	0.126	0.132	0.137	0.143	0.148
	2034	0.082	0.087	0.093	0.098	0.103	0.109	0.114	0.120	0.125	0.130	0.136	0.141
	2035	0.076	0.082	0.087	0.092	0.098	0.103	0.108	0.114	0.119	0.124	0.130	0.135
	2036	0.071	0.077	0.082	0.087	0.093	0.098	0.103	0.109	0.114	0.119	0.125	0.130
	2037	0.067	0.072	0.078	0.083	0.088	0.094	0.099	0.104	0.110	0.115	0.120	0.126
	2038	0.063	0.069	0.074	0.079	0.085	0.090	0.095	0.100	0.106	0.111	0.116	0.122
	2039	0.060	0.065	0.071	0.076	0.081	0.086	0.092	0.097	0.102	0.108	0.113	0.118
	2040	0.057	0.062	0.068	0.073	0.078	0.083	0.089	0.094	0.099	0.104	0.110	0.115
	2041	0.055	0.060	0.065	0.070	0.076	0.081	0.086	0.091	0.096	0.102	0.107	0.112
	2042	0.052	0.057	0.063	0.068	0.073	0.078	0.084	0.089	0.094	0.099	0.104	0.110
	2043	0.050	0.055	0.060	0.066	0.071	0.076	0.081	0.087	0.092	0.097	0.102	0.107
	2044	0.048	0.053	0.058	0.064	0.069	0.074	0.079	0.084	0.090	0.095	0.100	0.105
	2045	0.046	0.051	0.057	0.062	0.067	0.072	0.077	0.083	0.088	0.093	0.098	0.103
	2046	0.045	0.050	0.055	0.060	0.065	0.071	0.076	0.081	0.086	0.091	0.096	0.102
	2047	0.043	0.048	0.053	0.059	0.064	0.069	0.074	0.079	0.084	0.090	0.095	0.100
	2048	0.042	0.047	0.052	0.057	0.062	0.067	0.073	0.078	0.083	0.088	0.093	0.099
	2049	0.040	0.045	0.051	0.056	0.061	0.066	0.071	0.076	0.082	0.087	0.092	0.097
	2050	0.039	0.044	0.049	0.055	0.060	0.065	0.070	0.075	0.080	0.086	0.091	0.096

资料来源：笔者自制。

第十八章　迈向 2035：上海城市发展重点突破举措

依据城市发展的核心影响要素，迈向 2035 年，上海应通过优化软件环境、提升硬件环境、强化对外联系、培养当地要素、改善生活环境以及打造产业体系六方面进行重点突破。

一　优化软件环境

以自由的市场、严格的产权保护、廉洁法治的政府、包容的社会氛围、活跃的创新创业精神、开放多元的文化认同等为核心的软环境是全球城市"软实力"的重要组成部分。纽约、伦敦、东京、巴黎、中国香港等现有全球城市在软环境上的优势为其持续吸引全球资金、科技、人才、贸易、信息和文化等高端资源要素的高效集聚配置和高效流动增值发挥了重要作用。上海要在 2035 年实现更高的飞跃，其必须要在软环境上向全球城市看齐，其主要内容包括：

第一，营造全球最好的市场化、国际化与法治化制度环境。全球主要城市在制度环境上的共同特征包括高度市场化、自由化的市场经济体系，高度开放与便利的要素流动、贸易与投融资体制，充满活力的高端人才激励与管理机制，重视知识产权、财产权的法治化营商环境，廉洁、高效、精明的城市政府等。上海应当结合自身优势在上述领域进一步构建适合自身特点、引领全球发展方向的制度环境。

第二，弘扬创新创业创富文化。从全球城市发展历程来看，以冒险精神、进取精神与创新精神为核心的创新创业创富文化是其始终走在所处时代前列，并不断成功转型升级的重要"软实力"。但是，在发展过程中，上海要避免现有的创新创业创富文化转向投机文化与享乐文化，打破"富不过三代"的周期律。

第三，建设既有主旋律又有多元化、一本多元的多彩文化。无论是历史上还是当代的全球主要城市，由于其聚集了全球不同信仰、种族、民族与文化背景的人口，其文化上的多样性非常丰富，特别是上海的文化多样性更广。但是，在尊重文化多样化的同时，所有成功的全球城市无一例外都形成了凝聚全社会共识的主流价值观。上海在未来城市建设中，迈向2035年应当以中国文化为本体，形成既有自身特色，又有全球共识的文化价值，并以此吸引全球要素。

二　提升硬件环境

基础设施方面，迈向2035年数字化基础设施、优质的环境与生态、合理的开发强度、城市发展中的韧性以及碳排放约束都是上海要关注的重点。因此，上海应当一方面要加强智慧城市建设，推进城市管理智能化，为全国智慧城市建设先行示范，深入推进智慧城市和数字政府建设，提高电子政务水平与政务服务效率。建立智能化交通监测体系，实现对路网交通流监测、视频监控、交通事件监测的集成与综合，完善公交地铁换乘、站点查询、票价等静态信息服务，逐步实现路况、泊车、行驶、民航、列车等实时动态信息服务。建立全市统一的环境智能感知体系，对全市环境质量、污染源、生态、放射源等进行全面感知和全过程监控，搭建智能化现代气象业务和气象信息共享服务平台，提高气象监测预警能力。改善生活性配套设施。围绕市民日常居住、基本消费与文化娱乐，加强人才公寓、员工宿舍、商务酒店、文化活动中心、餐饮中心等服务平台载体，完善生活功能配套，为企业职员、高层管理人员、客商提供优质的生活配套服务；另一方面，上海要把握国家和全球发展趋势，积极打造低碳城市，着力调整优化产业结构、能源结构、交通运输结构，全方位全过程推行绿色规划、绿色设计、绿色投资、绿色建设、绿色生产、绿色流通、绿色生活、绿色消费，建立绿色低碳循环发展的经济体系，形成资源节约、环境友好、产业优化、布局科学的绿色低碳发展格局，探索构建具有上海特色、中国底蕴、全球指引的绿色低碳发展模式。

三　强化对外联系

对外联系功能是城市的本质特征，也是城市发挥资源配置功能的重要前提，决定着城市在未来发展的实力和影响力。根据 2020 年 GaWC 发布的全球城市分级排名，上海处于 Alpha＋等级，仅次于伦敦、纽约、中国香港、新加坡这四个城市，处于全球较高的地位，但是要想主导全球发展方向，引领全球城市发展格局，其必须要达到甚至超过伦敦、纽约等城市，处于全球联系的顶尖行列。具体而言，全球联系既包括科技联系（知识流）、互联网联系（信息流）、城市形象等软联系，也包括人员联系、企业联系、交通基础设施联系等硬联系。因此，为了强化上海的全球联系功能，上海要坚定地实施主动全球化战略，积极融入甚至主导全球联系网络，包括：

第一，主动构筑全球网络，吸引全球最高端的要素和企业集聚，开拓服务全球市场的功能。在目前内外部环境不断变动的条件下，上海要更加主动地参与全球竞争，提高自身全球战略资源的配置能力以及在全球城市网络中的控制力，积极探索高水平制度型开放的新路径。

第二，主动发挥内循环的龙头作用。在双循环新发展格局下国内产业、要素正在区域间重新洗牌，推动这一区域格局调整的关键在于金融支持，上海作为中国的金融中心，对接国内外资本，对推动国内大循环起到龙头作用，因此上海要发挥领头羊的价值，通过成为联系双循环的战略支点与"超级联系人"，撬动中国在内循环中形成的超大市场规模优势，吸引国内资源向自身集聚。

第三，发挥在长三角一体化的核心作用。上海作为长三角经济区的最核心城市，要积极与长三角经济区的周边区域，即江苏、浙江、安徽实现区域经济一体化，将自身非核心功能与产业向周边区域疏解，从而重塑自身服务全球的新功能。一个成功的例子是 20 世纪 60 年代东京实施的"工业分散"战略将一般制造业逐渐从东京中心城区迁移至横滨市、川崎市，使得东京形成以对外贸易、金融服务、精密机械、高新技术等高端产业为主的产业格局，奠定了东京成为全球城市的基础。

四 培育多层次高端要素

高素质的人口（青年人口、高端与顶尖人才）、技术（顶尖科研机构、企业等）、资本以及数据要素等当地要素是全球城市的显著特征，也是未来城市发展必须争夺的战略要素。迈向 2035 年，上海必须牢牢抓住全球高端要素，培育多层次的高端要素。为此，上海应当及时处理好公平与效率的关系，通过普惠奖优实现有差别的共同富裕，聚集多样化多层次高端化的关键要素体系。对上海而言，具体需要把握好以下关键方面：

第一，区域差距问题。从全球主要核心城市的发展历程来看，大部分城市在发展过程中基本上都经历了集聚——扩散——再集聚的过程，即先吸引周边要素，促使城市发展，然后将低端要素向周边转移，高端要素进一步集聚，从而实现产业升级，如此螺旋上升。但是在这一过程中，如果处理不好扩散与再集聚的关系，会导致城市与周边城市的发展差异越来越大，从而难以与周边区域形成良性的分工协作关系，这会进一步导致全球城市的产业体系与功能难以升级。目前，上海已经处于向外扩散中低端产业，向内集聚高端产业的核心过程，不断向长三角其他地区转移产业和吸引全国的高端产业来促使自身转型升级，在这一过程中上海要特别注意与长三角其他城市之间的发展差距和产业链问题，注意产业分工协调，始终要把握高端行业的发展趋势，适当地进行让利，促使其他城市为上海提供核心要素。

第二，收入两极分化问题。在全球城市的发展过程中，高端行业的高收入群体会与从事相关配套服务的一般收入群体的收入差距往往会加大，造成巨大收入不平等并引发一系列社会问题，这也是纽约、伦敦、中国香港等城市面临的共同问题。因此，迈向2035年，上海要制定统一化的标准，在解决内部不平等的同时也要关注多样性的不平等问题，建设一个更加平等的城市。

第三，公共服务均等化问题。迈向2035年，上海必然会聚集全球的高端要素，也将会逐渐提供全球最优质的公共服务，但由于城市居民构成的复杂性，满足居民多样化的公共服务需求以及少数群体、弱势群体的公共服务需求，实现基本公共服务的均等化也是上海未来发展的重要领域。

五 改善生活环境

从全球范围来看，城市在营造具有全球竞争力的生活环境中都将优质公共服务放在重中之重的位置。优质的公共服务直接面向人类生存的基本需求，是城市集聚高端要素的必备因素，也是维系城市长期竞争力的必要条件。迈向2035年，上海在补齐公共服务短板时，需要重点关注以下领域：

第一，构建可负担的住房体系。从房价收入比来看，根据numbeo 2022年最新统计数据显示，上海的房价收入比已经达到了42.81，远高于新加坡的 17.49、伦敦的 14.5、纽约的 9.94，处于严重的泡沫状态。过高的房价收入比已经阻碍了城市建设过程中年轻人口与初创企业的流入，降低城市长期的发展活力与创新能力。此外，高房价形成的既得利益群体也会阻碍城市转型升级，滋长投机文化，损害城市的可持续竞争力。因此，迈向 2035 年，上海应当高度重视可负担的住房体系建设，除了商品房市场外，还特别重视保障房供应以及住房租赁市场建设，以满足不同收入群体的住房需求。同时，在房地产市场调控中还通过租金管制、房产税、空置税等政策来调控房地产市场，避免房价过快上涨。

第二，构建公平、高质量的公共服务体系。现有纽约、伦敦和东京等全球标杆城市在公共服务供给上都体现了对社会公平的追求，伦敦强调所有人平等的生活机会、纽约强调所有人公平公正地享有资源和服务、东京强调针对弱势群体做到"福利完善"。迈向 2035 年，上海在未来城市建设中也紧跟全球城市发展趋势，逐步建立人口导向的公共服务供给体系，在对未来人口规模与结构进行预测的基础上，根据未来人口规模与结构提前调整公共服务供给的数量和类型。建立更加精细化的公共设施分类体系，提高对老年人、妇女、儿童、残障人士等社会弱势群体公共服务的精细化程度，满足各类人群的多样化公共服务需求。

第三，防止"高福利陷阱"。在城市公共服务的供给要与政府自身财力，以及经济发展水平相适应，一味追求高福利会损害经济运行效率，不利于经济的持续发展。因此，上海在未来城市发展中还要发挥社会主义制度的优越性，对社会福利进行总体设计，建设成本适宜、更加公平与可持续的社会福利制度。

六　持续转型升级打造产业体系

现有全球城市成功的关键在于能够根据内外部环境的变化，不断进行最正确的转型升级，进而引起城市基础产业、中坚产业以及未来产业的动态演化来提升自身产业体系的全球竞争力。迈向 2035 年，上海城市转型升级的重点主要聚焦于以下领域：

第一，产业转型升级。上海在发展过程中应当将自己定位于始终是所处时代科技创新的最前沿，并通过发展最重要的产业实现原有产业的更新迭代，不断处于发展的最前沿。例如，伦敦通过发展创意产业实现了城市产业更新，从一个传统的工业和金融服务业城市成功转型成一个充满活力的新型全球城市。新加坡在以总部经济为核心的城市转型过程中，通过制定吸引"总部"的差别性优惠政策，对不同类型的总部给予针对性的优惠政策，提供良好的环境、服务及设施；在此基础上利用总部经济引导产业升级，大力发展先进制造业和现代服务业，实现了产业结构的高端化。

第二，城市功能转型升级。即上海要通过拓展新的功能，使得城市始终在全球发挥最重要的作用。如芝加哥，自 20 世纪 60 年代末开始经历了 30 多年的低迷徘徊后，利用自身位于美国交通运输网络中心的有利区位，充分发挥并加强传统金融贸易中心的地位，大力发展商业贸易、金融、会议展览及旅游业，顺利实现由制造业基地向全球城市的转型，成为全球性的服务、法律和咨询机构的中心。

　　第三，社会转型升级。迈向 2035 年，随着现代化中国的不断发展，上海作为全球最重要的城市，其社会发展中面临着不同制度、文化、信仰、种族、宗教、价值观、生活方式等方面协调问题，这需要上海在社会方面要不断转型升级来维系整个社会的凝聚力与竞争力。